ポスト・スハルト期インドネシアの法と社会
裁くことと裁かないことの民族誌

高野さやか

三元社

ポスト・スハルト期インドネシアの法と社会
裁くことと裁かないことの民族誌

――目次――

はしがき　10

第 1 章　序　論
理論的背景と問題の所在　13

1　法人類学の軌跡——慣習法研究から法多元主義へ　15
2　法多元主義の功罪　19
3　拡大する法的領域と人類学　21
4　法人類学の再定義　24
5　本書の構成　27

第 2 章　インドネシアにおける法　29

1　多元的法体制の要素としてのアダット　31
2　分けるアダット、まとめるアダット　35
　　法学者によるアダットへの注目　36
　　「まとめる」アダットの称揚と、「分ける」アダットの脱政治化　40
3　フクムとインドネシア性、正当性　43
4　ポスト・スハルト期のフクムとアダット
　　——司法制度改革とアダット復興運動　47
5　アダットの再評価とフクムの広がり　50

第 3 章　メダンの発展、アダット間の関係　53

1　多民族都市、メダン　54
2　東スマトラの港市国家と後背地　61

3　タバコ・プランテーションの繁栄と衰退　63
　　4　バタック　65
　　5　メダンの発展　66

第4章
訴訟が行われる場所　　69

　　1　司法制度と統計資料からみる地方裁判所　71
　　2　メダン地方裁判所の様子　74
　　3　地方裁判所の業務とその特徴　81
　　　　傍聴席の様子　83
　　　　携帯電話の利用　85
　　4　夫婦間の名誉毀損事件　86
　　　　事件の概要　86
　　　　法廷でのやりとり　88
　　5　可視化されないアダットと、閉ざされた空間のない裁判所　92

第5章
ADR（裁判外紛争処理）の受容と地方裁判所での反応　　97

　　1　フクムとアダットの風景　100
　　　　ある国際シンポジウム　100
　　　　法学部大学院のリサーチ・コロキアム　102
　　2　司法政策におけるADR――アダットという法的資源　106
　　　　法整備支援によるADRの地理的拡大　108
　　　　インドネシアにおける展開　111
　　3　地方裁判所におけるADR――遠ざかるアダット　113
　　4　当事者にとってのADR――「未済」という収束　119
　　　　継続する交渉とADRの新鮮味のなさ　119
　　　　判決以外の形式による紛争の収束　121

目次　　5

　　　　訴訟のマネジメント　123
　　5　ここにはない、でもどこかにはあるアダット　126

第6章 131
スルタン租借地をめぐる訴訟群の成立
東スマトラの土地紛争にみる争点の移動

　　1　ポスト・スハルト期の土地紛争とアダット復興　132
　　　　土地紛争の概略　134
　　2　東スマトラの土地紛争——「待つ民」の活動とそのロジック　136
　　　　「待つ民」とは——タバコ・プランテーションと周辺住民　137
　　　　アバ・ナウィが歩いた道　140
　　　　「アダットの土地」の行き詰まり　143
　　3　スルタン租借地の争点化　145
　　　　スルタン租借地への注目　149
　　　　事例（1）タマン・マリブ訴訟——スルタン租借地という問題系の成立　150
　　　　事例（2）国軍の官舎訴訟——問われるアダット共同体　153
　　4　「待つ民」とスルタンの接近　157
　　　　事例（3）タンジュン・ムリア訴訟——「待つ民」への承認　157
　　　　タンジュン・ムリア訴訟後の変化——協力関係の再構築　161
　　　　「待つ民」とスルタンの協力関係を支えるロジック　166
　　5　「アダットの土地」から「スルタン租借地」へ　171

第7章 177
結　論
不断に引きなおされる境界線

　　1　インドネシアにおける国家法と慣習法　178
　　2　新たな法人類学に向けて　183
　　3　「法の創造」の人類学　186

参照文献　191
あとがき　200
索引　202

図表・写真一覧

図3-1：メダンの位置　55
図3-2：北スマトラ州地図　55
図4-1：インドネシアの司法制度概要　72
図4-2：メダン地方裁判所1階の略図　78
図4-3：法廷内の見取り図　80
図5-1：「民事事件状況報告」の書式　116

表4-1：2004年のメダン地方裁判所における紛争処理　73
表4-2：メダン地方裁判所で新規に受理された民事事件、1994年-2004年　73
表4-3：メダン地方裁判所内部の配置　78
表5-1：2004年1月から2005年9月にかけて受理された事件と判決　114
表5-2：訴訟の進行状況（2004年11月時点、2004年1月から6月に提起）　122

写真2-1：ジャワの伝統食ナシ・トゥンペン　32
写真2-2：アダット服の図柄（西スマトラ州の民族集団ミナンカバウの伝統衣装）　32
写真2-3：タマン・ミニ・インドネシア・インダ　43
写真3-1：メダン市中心部　57
写真3-2：市内の様子　57
写真3-3：中国正月を祝うイベントの様子　58
写真3-4：ワイサックを祝うパレード　58
写真3-5：市場の中で豚肉を扱っている店　59
写真3-6：民族集団バタックの伝統家屋　59
写真3-7：ムラユの婚礼　60
写真3-8：マイムーン宮殿　60
写真4-1：メダン地方裁判所外観　75
写真4-2：メダン地方裁判所の看板　75
写真4-3：メダン高等裁判所外観　76

写真 4-4：ロビーの様子　76
写真 4-5：大法廷を見学する高校生たち　77
写真 4-6：法廷の内部　77
写真 4-7：大統領と副大統領の写真　79
写真 4-8：裁判所に集まる人々　82
写真 5-1：北スマトラ大学法学部　103
写真 5-2：法務部の職員　114
写真 5-3：土地登録局メダン支部　124
写真 6-1：アバ・ナウィ　141
写真 6-2：マイムーン宮殿の内部　147
写真 6-3：ムラユの貸衣装で撮影された記念写真　147
写真 6-4：故ティト・オトマン　148
写真 6-5：アルヤ　148
写真 6-6：即位式　148
写真 6-7：抗議活動の写真　163
写真 6-8：横断幕　163
写真 6-9：ルブック・パカム地方裁判所　165
写真 6-10：証言するアディ氏　165
写真 6-11：ブディ氏　169

はしがき

　本書は、文化人類学の立場から筆者が行ったフィールドワークに基づき、インドネシアのある地方都市における「法的なるもの」の動態を描いた民族誌である。

　筆者のフィールドワークの中心部分は 2004 年から 2006 年にかけて行われており、したがって本書は、約 2 億 5000 万人の人口を抱え、経済的な発展著しいインドネシアという国の「いま」を伝えるためのものではない。そのような視点で本書を手に取った方にとってはもどかしく思えるかもしれないが、本書は世界のどこで暮らすにしても無縁ではいられない法というものが、地域社会やそこで生きる人々とどう関わり合っているのかについて、ひとつの事例を提供することを目指している。事例についての詳細な記述を積み重ね、先入見の相対化を繰り返して問題意識を更新していく、というのが文化人類学の基本的な姿勢だからだ。その意味で、本書が直接扱っているのは 10 年ほど前の状況だが、そこで人々が取り組んでいるのはいまもおそらく世界の様々なところで現れている、現在形の問題なのである。

　また本文中で詳しく述べるように筆者は、インドネシアの西側に位置するスマトラ島の都市メダン市（図 3-1 参照）において現地調査を行った。そしてその中心となったのはメダン地方裁判所である。これまで多くの法人類学者が、主に村落共同体におけるいわゆる慣習法を対象としてきたのとは異なるが、これは筆者が自らの関心に基づき、意図的に選択したものである。筆者は学部時代から文化人類学を学ぶ一方で、法や法学、その厳密な条文解釈や複雑な専門用語の運用にも興味があり、法学部の講義やゼミにも参加していた。これは大学院に進学してからも継続し、いざフィー

ルドワークを計画する段になって、司法システムが機能する具体的場面を見てみたいと考えるようになった。インドネシアを調査地に選んだのは授業で出会ったフォン＝ベンダ・ベックマン夫妻の著作の影響だったが、はじめから地方裁判所での調査は念頭にあった。

とはいえ、実際に裁判所で調査できるかの見通しは現地に到着するまでなく、それはひとつの賭けだった。入国時に渡航の目的を尋ねられ、インドネシアの法について調査する、と答えると、「わあ、恥ずかしいね」という反応が返ってきた。一般にインドネシアの司法は、汚職や賄賂が横行するおどろおどろしい世界という印象が強い。国際的な NGO などの批判対象になりこそすれ、日本人の大学院生が学術的調査に入るなどということは認められない可能性も大いにあった。

しかし幸運にもメダン市内の北スマトラ大学の法学部とつながりができ、聞いてみると法学部の学生は裁判所で調査をしてレポートを書いている、とのことだった。そこで法学部の学生を見ているという判事への紹介を依頼し、拙いインドネシア語で懸命に研究関心を説明すると、彼は耳を傾けてくれ、調査への協力を約束してくれた。このようにして筆者は、それまで足を踏み入れることができなかったメダン地方裁判所に通うようになった。

このようにして行われたフィールドワークだが、もちろん筆者の視点から見えてきたもの、そして本書で記述するものには限りがある。本書は、インドネシアにとって大きな課題であり続けている司法の腐敗を暴いたり、非難したりするものではない。筆者は、むしろそうした問題に対してある程度まで価値判断を保留しながら、実際にどのように訴訟が取り扱われているかを観察する、という姿勢を取っている。

さらに、フィールドワークによって得たデータの分析や考察は、インドネシア地域研究あるいはアジア法学などの隣接領域を参照しながらも、主に法人類学の議論の蓄積による影響を強く受けている。より具体的に言えば本書では、政治と司法をめぐる問題、あるいは具体的な法制度や判例で

はなく、国家法と慣習法というカテゴリーの間の関係を中心的な考察の対象とする。

　前述したように、法人類学者はこれまで主に慣習法に注目した研究を蓄積してきているのに対し、筆者は当初、慣習法からは距離をとって、どのように「裁く」のか、主に地方裁判所の内部を観察する計画をたてていた。しかし慣習法という概念は、フィールドにおいても、筆者が専門とする文化人類学という学問領域にとっても、あまりに存在感が大きく、その後問いを立て直した。本文中で扱うADR（裁判外紛争処理）をめぐる議論に見られるように、「裁く」ことを、「裁かない」ことによって得られるものも視野にいれて論じることが、現在さまざまな領域で必要になっている。本調査の過程でいろいろな立場の人々と話をするにつれ、「慣習法」とどのように折り合いをつけるか、という大きな問題を避けることはできないと感じるようになったのである。

　本書は、このような試行錯誤の結果である。以下、本文中に登場することがらは、筆者という一人の調査者が見聞きしたものが中心であり、制約は少なくない。しかしここで描いた姿は、メダンやインドネシアのその後の変化につながっており、その意味でインドネシアの現状の理解に資する部分もあるはずだ。また、本書がインドネシアに限らず、法と社会のよりよい関係について考えていくための足掛かりとなれば、と切に願う。

第 1 章

序　論

理論的背景と問題の所在

本書は、慣習法と呼ばれる、地域社会や民族集団において存続してきたしきたりやもめごとへの対処方法が、国家法や司法制度と現在どのように相互に関わりあっているのかについて、インドネシアの地方裁判所をおもな事例として議論するものである。
　また本書は主に、文化人類学の一領域である法人類学の研究蓄積に基づいている。司法制度をふくめた分析というと、法学の領域に属するのではないか、と思われるかもしれない。本書は、たとえばインドネシア法の条文を解釈し、日本の状況と比較対照することをめざすものではなく、インドネシアを事例として、法と社会の相互関係というテーマを議論の対象とする。特に、法、あるいは裁判という、高度に分化し続ける体系が、インドネシアで現在どのような状況にあり、それに対してどのような反応や対応があるのかという点を検討したい。
　法というテーマそのものは、人類学において決して新奇なものではない。エミール・デュルケーム（Émile Durkheim）やマルセル・モース（Marcel Mauss）ら、19世紀後半から20世紀初頭に活躍した初期の人類学者の多くは、法学の素養を持ち、それにもとづいた研究関心も持っていた。これは人類学が比較的新しい学問であるためでもあるが、法学者が草創期の人類学に与えた影響には注目するべきだろう。人間とはいかなるものかという問いに取り組む人類学は、学問として成立する過程で、法とは何かという問いに、法学との対話、あるいは逆に緊張関係において向かいあってきたのである。たとえば、西洋で発展した法学の概念はどこまで有効なのか、法の起源はどこにあるのか、「国家なき社会」にも法は存在するのか、そもそも法と社会規範一般は区別できるのか、といった彼らの関心は、その後の人類学者にも受け継がれていく。
　法の人類学的研究は、法学の重要な部分を制定法および判例法の解釈学が占めていることを疑問視し、法をめぐる学問的な視野を広げる意味で、法と他の社会規範との共通性を強調した。法はギリシャ・ローマを発祥の地とし、西洋社会にしか存在しない、というそれまでの前提を、正面から

否定したのである。そして現在に至るまで、そうした法を特別扱いせず、「国家法」という法の一類型として相対化することは、法人類学における前提となっている。序章では本書の視座を明確にするために、法人類学における蓄積を検討し、その問題点について論じる。

以下ではまず、法人類学の慣習法研究から法多元主義へと至る研究が、研究対象である「法」を相対的・多元的にとらえようとしてきたことを概観する。ここからは、法の定義についての問いが、法律や司法といった制度の問題から距離をとってきたことが明らかになる。また、法や具体的な訴訟事例を扱った近年の研究に視線を移してみると、先住民の権利、生活環境の破壊に対する賠償、知的財産権といった幅広い問題が、司法の枠組みを用いて争われるようになっていることがわかる。以下ではこれらの研究もふくめて法をめぐる人類学の先行研究を整理し、本書がどのような問題意識に基づいて分析を進めていくかを明らかにする。

1　法人類学の軌跡——慣習法研究から法多元主義へ

人類学的な法の研究は、19世紀半ばに始まったとされている。以来、多くの研究者が、法とは何か、という問いに、実定法学[1]とは異なる視点から答えようとしてきた。では、それはどのような試みだったのだろうか。

法人類学の起源は、1861年ヘンリー・サムナー・メーン（Henry Sumner Maine）による著作 *Ancient Law* にみることができる［Maine 2002 (1866)］。メーンは、近代法の特徴を照射するために、当時優勢であった進化論的な図式で法の発展をとらえようとした。その後、デュルケームやマックス・ウェーバー（Max Weber）らは、国家法の枠を出て、社会秩序一般に対象を拡大し、条文の解釈にとどまらない法研究の基礎を形成した

1　実際の問題への適用を前提として、民法・刑法・憲法といった法律の意味内容の解釈や、立法過程に関する研究を主に行う学問領域のことをさす。

[ウェーバー 1974；デュルケーム 1990]。

これに対してブロニスワフ・マリノフスキー（Bronislaw Malinowski）は、メーンによる進化論的発展図式を否定して、1926 年の著作 *Crime and Custom in Savage Society* において、機能主義の考え方と参与観察の手法を導入した［マリノウスキー 1967(1926)］。ここに、学問領域としての法人類学が確立したといわれる。マリノフスキーは、「国家なき社会」においても、互酬性によって秩序が維持されているとした。「未開法」を法の一類型として示したことは、従来の法の概念を変える試みだった。

マリノフスキーは、「未開社会」における秩序維持に関心をよせたが、1950 年代には、紛争処理過程（dispute resolution process）に注目が集まるようになった。ここでいう紛争は、武力を伴う戦争状態ではなく、主に社会内部のもめごとをさす。マリノフスキーの観点からすれば、紛争は規範からの逸脱であり、異常なものだった。しかし紛争処理研究においてはむしろ、紛争は起こって当然のものとして観察の対象になった。他方で、秩序を保つプロセスへの関心もマリノフスキー以来継続し、紛争をどのように処理するかという、その過程における個人の行動に光があたったのである。

この流れに強い影響を与えたのが、商法学者カール・N・ルウェリン（Karl N. Llewellyn）と人類学者 E・アダムソン・ホーベル（E. Adamson Hoebel）の共著による *The Cheyenne Way* である［Llewellyn and Hoebel 1941］。これは、ネイティブ・アメリカンのシャイアンの人々をインフォーマントとして、殺人、窃盗、姦通、などに関する 50 件以上の紛争に彼らがどう対処したかを記述するものであった。この研究以前からルウェリンは、法学におけるリアリズム法学[2]の立場から、判決の内容に影響するの

2　リアリズム法学は、1920 年代から 30 年代のアメリカ合衆国で盛んになった法思想で、法が不安定かつ不明確なものであることについての問題提起を行い、法社会学の展開に大きな影響を与えた。代表的な論者にはルウェリンの

は法律や過去の判例だけではなく、個々の裁判官による「法の創造」が行われていると主張していた。それをシャイアンに応用し、最高裁判所判例の代替物として彼らの紛争処理事例を扱ったのである［Roberts 1994: 969-970］。

　ここでルウェリンらの行ったことは、聞き取り調査による過去の事例の再構成である。そこでは法学における手法にしたがって、聞き取りによって得たデータを、判例の分析における判決に相当するものとして扱った。しかし、紛争処理過程を詳細に記述する、という手法は人類学者をふくめ、法学者以外にも示唆を与えるものだった。参与観察によって紛争処理過程を明らかにするというやりかたが、特にアフリカにおいては、間接統治という政治的背景も手伝って関心を集めたのである。

　紛争という場においては、具体的条文とは別個の、法社会学者オイゲン・エールリッヒ（Eugen Ehrlich）の提示した「生ける法」[3]が、観察可能になる［エールリッヒ 1984］。以後、このような前提にたって、通文化的な紛争処理法や、紛争に対する第三者の介入の類型、などに関する業績が生まれた［Black and Mileski 1973; Bohannan 1957; Gluckman 1955; Gulliver 1963］。

　紛争処理過程の研究は、1950年代から60年代の法人類学で研究方法の主流を形成するが、その一方で、批判も受ける［Merry 1992; Roberts 1994; Snyder 1981］。それは、人類学の方法論そのものに向けられた疑問でもあった。

　紛争処理研究に向けられた批判の要点は、以下のようなものだった。ある時点における安定した状態の社会における対処法を静的に説明するには有効だが、マクロな歴史的変化の記述には適さない。また、周囲から隔絶した小集団を対象にすることで、植民地政府など集団の外部からの影響を

　　　ほかに、ジェローム・フランク（Jerome Frank）がいる。
[3]　意識的にせよ無意識にせよ、人々が承認し共有している規範のことをさす。

扱うことが不可能になってしまう。紛争の当事者を同等の立場で争っているかのように記述しているが、実際には不平等が存在するのではないか。あるいは、個人が合理的選択にもとづいて行動する、というモデルを過度に強調しているのではないか。紛争という状態を研究することで、視野の外に押し出されてしまうものは何か。これに代わって1980年代以降に主流となったのが、法多元主義[4]（legal pluralism）の考え方であった。国家は法を独占するものではなく、一つの社会には複数の法システムが共存している、というこの理論は、さまざまな批判を受けつつも、現在にいたるまで強いインパクトを持ち続けている。1981年にはThe Commission on Folk Law and Legal Pluralism[5]が学術組織として活動を開始し、雑誌African Law StudiesがJournal of Legal Pluralism and Unofficial Lawと名称変更するなど、法多元主義は法人類学における中心的理論となった。

　法多元主義の代表的な論者であるジョン・グリフィス（John Griffiths）は、1981年の国際法社会学会で、"What is Legal Pluralism?"と題された論文を発表している［Griffiths 1986］。この論文のなかで彼は、「法中心主義」の「神話」を排除し、国家法を相対化することをめざした。また、サリー・エングル・メリー（Sally Engle Merry）は、「古典的法多元主義」と「新しい法多元主義」とを区別することで、法多元主義の視点がより広く応用可能なものとなったことを指摘する［Merry 1988: 872-874］。起源の異なる規範の相互作用、慣習法の歴史的生成、規範間の対立を扱うという点では両者は共通しているが、前者は、植民地、あるいはかつての植民地において、政府が導入した西洋法と、その地域の固有法とが交錯する点についての分析であり、西洋法の強制・支配に対する批判という色彩が濃い。

---

[4]　この分野において多くの著作がある千葉正士は、多元的法体制という訳語を用いて議論を展開しているが、ここでは原語との対応を重視して「法多元主義」の訳語を採用する。

[5]　2007年にThe Commission on Legal Pluralismと名称変更している。

これに対して後者の「新しい法多元主義」は、1970年代後半にあらわれた、植民地化されていない地域、特に欧米に法多元主義の概念を拡大しようとする動きで、国家法と非国家法の関係はより流動的なものとなっている。こうして法多元主義のもとで、法人類学の研究対象は孤立した「未開社会」の内部紛争から、植民地政府の導入した国家法と植民地の慣習法との関係へ、さらには、旧植民地から欧米諸国へと拡大した。

2　法多元主義の功罪

しかし、1990年代に入ると、分析概念としての法多元主義そのものを見直す動きが出てくる。なかでも法哲学者ブライアン・Z・タマナハ (Brian Z. Tamanaha) は、法多元主義が、実体法学が暗黙のうちに前提しているとされる自民族中心主義・法中心主義への批判に終始してきたことを指摘し、そのうえで、そうした批判は、もはや有効でないと主張した [Tamanaha 1993]。かつてマリノフスキーは、法を国家と結びつけて語ることは、国家なき社会に法の存在を認めないという自民族中心主義に陥る、として、秩序維持における慣習や規範の有効性を論じた。しかし、タマナハによれば、国家の影響力があらゆる場に及んでいる現在、この論点を繰り返して、得られる成果は少ない。

法多元主義が批判の対象としてきた法中心主義とは、日常に存在するさまざまな規範は国家が制定する法にしたがうものである、という考えかたである。これに対して、法多元主義は、法は国家が独占するものではなく、日常に存在するさまざまな規範は、国家法を頂点とするヒエラルキーの一部というよりも、国家法と同等のものとして認めるべきだとの批判を展開してきた。

こうした批判は、法「多元」主義と言いながらも、ときに国家法を仮想敵にして、その効力が及ばない地域社会を事例にしながら、慣習や規範を擁護するものであった。これに対しタマナハは、国家法の持つ効力も、あ

る程度まで認めるべきだと考える。タマナハによれば、社会規範と国家法は、ひとつのヒエラルキーのなかに配置されているのではない。しかしだからといって、どちらかを選ばなければいけない、という関係にあるわけでもない。たとえば家庭の中ではたらく規範が、国家法を頂点とするヒエラルキーに属するとは考えにくい[6]。そして裁判過程においては、裁判官や弁護士が国家法のみに依拠することは正当なことではないか、というのがタマナハの主張である。

　このようなタマナハの議論は、法をどのようなものとしてとらえるか、法と諸々の社会統制（social control）とはどう区別されるのか、という問いと関わっている。これは彼が「マリノフスキー問題」と呼ぶ、法人類学の古典的な問いが依然として残っていることを意味する。国家は法を独占するものではない、という主張は、法多元主義の根幹となっている。そしてこれまで、国家に付随せず、かつ、他の規範的秩序から区別されるような法の定義は、マリノフスキー、ホーベル、ウェーバー、ハートら、様々な論者によって試みられてきた。しかし、これまでの定義では、私的報復やテーブルマナーといった、「法」とはいいがたい規範的秩序を、完全には排除できないという問題がある。

　これに対しタマナハは、法的規範と規範一般のあいだには質的な差異があると主張する。国家法は制度的承認、および強制によって基礎づけられるが、規範は、社会生活の一部をなしているという事実によってのみ、規範でありうる。したがって、規範が手続きを経て法として機能することはあっても、両者は根本的に異なるものなのだというのが彼の議論である。

　以上、タマナハによる法多元主義批判の概要を示した。たしかに、法多元主義の枠組みを用いることは法人類学の視野を広げた。法をより広

6　マーク・ガランター（Marc Galanter）が論じた、企業や大学といった社会組織が持つ規範に関しても、従属するというよりも、別々の軸上にあるとみることができる［Galanter 1981: 17-18］。

いコンテクストとの関係においてとらえることの重要性は今でも変わらない。その意味では、タマナハの主張は視界を狭めるように響くかもしれない。しかし、サリー・フォーク・ムーア（Sally Falk Moore）も述べているように、国家を他の規範を形成するものから区別することは、現代社会を扱う以上、法人類学においても必要なことなのではないだろうか［Moore 2001: 106-107］。この区別は、国家法の特徴を見極めるためのものであり、必ずしも法中心主義をとることにはならない。サイモン・ロバーツ（Simon Roberts）が論じているように、国家法は明確な自己定義をもっており、それをふまえずに法の概念を定めようとする試みは、困難を避けられないだろう［Roberts 1998: 98］。近年、国際法を対象にふくめるかたちで法多元主義の定義をさらに拡大し、グローバリゼーションについて議論する試みもあるが［Benda-Beckmann, F. von et al. (eds.) 2005］、本書の問題関心は、法の定義をめぐって「不毛な内部批判に終始する」［北構 1992: 18］ことではなく、国家法の周辺で何が起きているのか、について分析することにある。

　こうした視点から本書では、法多元主義が十分に議論してこなかった視点から国家の法とその周辺を再検討することで、新しい法人類学の方向性を探ってみたい。

3　拡大する法的領域と人類学

　とはいえ、国家の法がいままでずっと人類学者の視野に入っていなかったかといえば、そうではない。法はさまざまな局面で問題になりうる。法多元主義がなかば意図的に国家の法から距離をとり、慣習法に集中してきた一方で、しばしば狭い意味での法人類学者ではない人類学者が、婚姻・相続、それにかかわる土地所有の問題などを国家の法制度と比較対照することによって論じてきた。さらには、先住民の権利、生活環境の破壊への賠償、伝統的知識に対する知的所有権といった、人類学者にも関係の深い

問題が、近年になって法の枠組みで議論されるようになってきていることにも注意する必要があるだろう。

こうした問題のうち、環境問題や知的財産などについての紛争は、比較的新しく登場してきたもので、従来の紛争とくらべると、援用するべき法律が必ずしも明確でないといった特徴から「現代型訴訟」とよばれる［棚瀬（編）1994: 145-150］。これは社会の変化によって、今までになかったような訴訟問題が出現していることを示している。

法を扱う人類学の研究からは、「現実に追いつけない法」に対する批判的な視点が読みとれる。婚姻・相続、および土地所有一般など、「現代型」と対比すると「古典的」な問題に関する議論においては、普遍主義的な法と地域の固有性との「歴史的もつれあい」が観察されてきた［杉島 1999: 12］。たとえば、日常的なレベルにおけるもめごとは、ひとたび訴訟になると、法学の語彙にしたがって加工され、問題の一部だけが切りとられ、制度化された手続きに従って処理される。たとえば相続をめぐる紛争において問題になるのは、関係者の主張が法律の条文に照らしてどのように意味づけられるかであり、長期的な個人の経験の蓄積はその限りにおいて考慮される。したたかに立ち回ることによって利益を引き出す当事者もいるが、やり場のない不満も残る。こうした事例において法は、現実の複雑さに対応しきれない硬直したものとして描かれる。

環境問題をふくむ「現代型」の問題も、この問題意識を引き継いでいる。たとえば、先住民の生活環境をめぐる訴訟においては、人類学者が「専門家証人（expert witness）」として直接裁判にかかわっている［Rosen 1977; Thuen 2004］。鉱山開発などによる環境破壊に注目するスチュアート・キルシュ（Stuart Kirsch）は、アメリカによる核実験のもたらした損害に対して提起された、マーシャル諸島の先住民による賠償請求訴訟について論じている［Kirsch 2001］。彼は、この裁判において争点になったような「文化的損害」は従来の法的カテゴリーでは把捉することが困難であり、「文化的財産権」の概念が有効であるとする。ケヴィン・アヴラック（Kevin

Avruch）が、国際紛争における文化の役割の重要性を主張しているように［Avruch 1998］、「文化」への考慮が不十分なことが法の問題点なのである。

　こうした「現実に追いつけない法」に対する批判的視点をとることで、フィールドワークのデータは、法と現実との間のギャップを批判するための根拠となる。これは、法多元主義の枠組みが、複数の規範の併存を前提にすることで、ともすると予定調和的な記述に陥りやすいこととは異なる。

　しかし他方で、法が現在進行中の問題への対応を常に模索していることをもって、あたかも「必要悪」であるかのように論じるならば、それは、調査を通じて得た個別の事例のを提示する、という人類学の「強み」と、あらゆる状況を想定する法律の「弱み」とを、切り出して比べていることにはならないだろうか。土地や婚姻といった古典型の事例、あるいは環境問題や知的財産など現代型の事例のいずれにおいても、ある時点での法を固定化し、仮想敵として矮小化することは避けなければならない。

　人類学は、現地調査の事例から語りをおこす。しかし、それぞれの事例の個別性に依存しすぎると、広いコンテクストにおける批判の鋭さが失われてしまう。たとえば、婚姻や土地訴訟など古典型の問題の場合は、近代化に抗する「文化」の発現として、他方で先住民の権利など現代型の問題については、法整備によって解決するべき状況、というかたちで、議論は平行線をたどるだろう。

　人類学は、法を社会規範のひとつとしてみること、あるいは文化の欠如を批判することによって、法について独自の議論を行ってきた。このことの持つ積極的意義についてはしっかりと認識をしながらも、ここでは、法、あるいは裁判という高度に専門化をとげつつある体系、あるいは訴訟という事象もまた、固有の社会的文脈を持っていることを再確認しておきたい。国家法と他の規範との共通性に注目すること、あるいは、法律や訴訟を仮想敵として扱うことが、法をめぐる人々の営為がどのようなものであるのかについての理解を深めることに必ずしも役立つものだとはいえない。

4　法人類学の再定義

　ここまで論じてきたように、法人類学は国家なき社会の法、つまり慣習や規範に注目し、研究を蓄積してきた。そうした研究の批判的な継承として、80年代に法多元主義が主流となった。そこでは、国家法を相対化するという狙いもあり、おもに慣習法についての記述的研究を蓄積してきた。こうした研究が多くの成果を挙げたことは事実ではあるが、しかし現在、タマナハが慎重に論じるように、国家法と慣習法とを、対立するものでも、ひとつのヒエラルキーにふくまれるものとしてでもなく論じることが必要になっている。また一方で、法人類学の文脈とは異なるところから、環境問題などの訴訟についての研究も現れつつあるが、そこでの「現実に追いつけていないものとしての法」という見方は様々な示唆を与えてはくれるが、本書が目的とする、法をめぐる人々の営為の理解には必ずしもつながらない。

　こうした反省にもとづきながら、国家を背景に持つ法と、他の規範との関係を明らかにするには、それらがはたらく様子を具体的な状況において観察することが必要になるのではないだろうか。以下では、こうした研究のための手がかりとなる、二つの取り組みを参照し、本書のアプローチについて述べる。

　繰り返しになるが、法人類学は、法多元主義という用語を使って、法とその他の社会規範の共通性を強調してきた。また、決して「現実に追いつけない」法への批判は、法と日常生活との遠さ、あるいは法に依存しない人々の実践に着目する。どちらの視点にも共通しているのは、必ずしも国家法の法を意識することのない、人々の日々の交渉・実践の分析を重視することである。この視点が前提とするのは、人々が法を使うのは非常に特殊な状況だということである。確かに、たとえば紛争は必ずしもすべてが裁判になるわけではなく、法律にある規定が存在するとしても、実際その規定が守られているとはかぎらないことを考えると、こうした前提は妥当

なもののように思える。

　しかし、こうした見方を採用した結果、視界に入りづらくなったものもあるだろう。これに関してジョン・バウエン（John Bowen）は、「公的な推論の人類学（anthropology of public reasoning）」という表現を用いて、インドネシア・ガヨ高地の村を中心に、「正当性」「平等」をめぐる村人・判事・法学者・社会運動家らのやりとりについて描写している［Bowen 2003］。ここでは、法と日常生活の距離という問題設定は意味をもたない。「正しさ」の基準が複数存在するなかで、法もまた、人々がどう生きるか、インドネシア社会がどうあるべきかに関する主張の一翼を構成している。

　もう一つは、エリザベス・パーダム（Elizabeth Purdum）の研究である。パーダムは、アメリカ南部の少額裁判所[7]に勤務する、6人の職員を対象に調査をしている［Purdum 1985］。職員の仕事はおもに、請求の受付、書類の作成などの事務作業であり、彼らは法学の専門教育を受けていない。しかしパーダムは、裁判官などにくらべると目立つことの少ない、こうした事務員の役割が、裁判所の実際の機能を知るうえで重要だと指摘する。この研究が明らかにするのは、裁判所という組織の内部においても、専門的知識が均一に適用されているわけではないこと、またそのなかでも我々が中心にいると想定しがちな裁判官が、法に関わる専門知識を独占しているわけでもないということである。そこからは、裁判をめぐる人類学的な調査の可能性が示唆される。

　以上をふまえて本書では法を、社会規範の一類型としてではなく、独自に発展を続ける専門的知識の体系としてとらえる。したがって以下では、インドネシアの地方都市における法をめぐる人々の営為を、判事や法学者

---

[7]　少額裁判所（small claims court）とは、アメリカ合衆国において、比較的少額な事件について、簡易な手続きで解決する裁判所として設置されているものである。日本でも1998年に、訴額が30万円以下の事例について少額訴訟の手続きが整備されている。

などの「専門家」をふくめて記述していく。バウエンは、村落から始めて「推論のレパートリー（repertoires of reasoning）」の分析を行ったが、同じインドネシア国内でも、都市的状況においてはまた異なる像が浮かんでくるはずだ。

専門的知識の体系は現在、非専門性をも取りこんで広がっていく傾向にある。法についていえば、前述した現代型訴訟の概念や、後述する ADR（Alternative Dispute Resolution、裁判外紛争処理）、裁判員制度の導入が示しているように、「伝統的知識」、「当事者間の合意」、「市民の感覚」も法学の内部に位置づけられつつある。そうした現状をふまえると、これまでのように法、あるいは法という専門的知識の体系に関わる実践と日常生活とを、距離のあるものとしてとらえるのではない立場が求められるだろう。

法にかぎらず、医療、広い意味での科学といった特定の専門領域が発達するなかで、それぞれのプロフェッションの内部・外部の両方から、非専門的・非職業的領域とのあいだの境界を意識的に行き来するような、あるいは専門的知識を相対化するような動きが生じることはしばしば指摘されている。他の領域に目を移せば、科学的知識の生産を論じる科学社会論、病院での医療に対するホスピスや、セカンド・オピニオンなどがある。そうした領域で何が起きているのかを質的に記述することが、人類学のひとつの意義なのではないだろうか。

本書ではこのような視座から、インドネシアにおける国家法と慣習法との関わり合いを、筆者のフィールドワークに基づいて記述する。以下に続く記述はおもに、インドネシア共和国、北スマトラ州メダン市およびその近郊における、2004 年 8 月から 2006 年 7 月にかけて行った現地調査、および 2008 年 2 月に実施した短期間の補足調査によって得たデータに基づいている。2004 年から 2006 年の現地調査の期間中には、インドネシア科学院からの調査許可を取得し、当時のメダン地方裁判所長からの承諾を得て、メダン地方裁判所における審理の傍聴、および判事らをはじめとする関係者に対する聞き取りを行った。本文中で引用される、司法統計や

判決などの訴訟資料は公刊されてはいないため、司法統計についてはメダン地方裁判所の法務部の協力のもとに閲覧・複写したものを、そして訴訟資料については、判事、弁護士、あるいは当事者が保存しているものを利用した。

5　本書の構成

　本書は7つの章からなっている。序論で示した問題意識をうけて第2章では、インドネシアにおける国家法と慣習法の概念についての先行研究を整理する。第3章では、調査地である北スマトラ州メダン市が多民族都市として発展してきた歴史的経緯を示すことで、現在のメダン市における国家法と慣習法をとりまく背景状況を明らかにする。第4章では、メダン地方裁判所における日々の業務とその特徴を分析し、そこに勤務する人々、およびそこに日常的に出入りする人たちの視点から、裁判所像をとらえなおす作業を行う。第5章では、法学の理論や実務の世界的な潮流のなかで、インドネシアにおける国家法と慣習法についてどのような議論が進みつつあり、それに対して地方レベルではどのような反応が生じているのかを考察する。第6章では、メダンおよびその近郊において進行している、旧プランテーション用地をめぐるいくつかの土地紛争を事例として、都市的状況におけるアダットの発現のしかたについて論じる。結論となる第7章では、本書を通じて得られた知見をまとめなおし、残される課題について現時点での見通しを示す。

第 2 章

インドネシアにおける法

第1章では、慣習法研究から法多元主義へと向かった法人類学の展開と、現代的訴訟などにみられる法的領域の拡大について述べ、本書の問題意識を示した。本章ではこれをうけて、インドネシアの法について行われてきた議論を整理する。

　インドネシアの法をめぐる状況についての一般的な説明では、国家法・慣習法（インドネシア語の「アダット」）・イスラーム法が併存しているといわれる。本章で述べるように法人類学者もこの視点にたって、インドネシアを法多元主義の典型的な例として扱ってきた。そこでのおもな関心は、土地の所有、相続、婚姻といった場面で、それぞれの規範がどのように現れるかということだった。法人類学では、たとえば土地の所有をめぐる紛争の過程で、複数の法規範、たとえばオランダ起源の国家法と母系制をとるミナンカバウ人の慣習法、そして父系的なイスラーム法が対立したさいに、それぞれの個人がどのような対応をとるか、といった問題に関心を寄せてきたのである［Benda-Beckmann, F. von 1979］。

　しかし、現在、特にスハルト（Suharto）大統領の政権崩壊後のインドネシアにおいては、これら三つの法が併存している、とはいわれながらも、従来の法人類学の民族誌が扱ってきた状況からは大きく異なる状況が現れている。諸外国からの支援を受けながら進行している司法改革では、基本的人権や、知的財産権などをどのように保護していくかといった点が問題であり、アダットについての踏みこんだ議論にはならない。他方で、スハルト政権崩壊後のインドネシアでは、各地でアダットが「復興」しているともいわれている。つまり、法をめぐって今まで以上に複雑な状況が生じているのである。では、そもそも、ここで問題になっている「国家法」「アダット」とは、どのようなものなのだろうか。

　両者の関係は、インドネシアにおいて植民地支配期から、法のなかにアダットをどう位置づけるかという問題として議論されてきた。長く続いているこの「定義をめぐる葛藤」［Tsing 2002: 10］は、現在の法をめぐる議論にも影響を与えている。以下では、国家のレベルで行われてきた、両者

の関係をめぐる議論の経緯を追う。

1　多元的法体制の要素としてのアダット

　インドネシア語の「フクム (hukum)」は一般に、国家による制定法を典型とする、成文化された公的な規範の意味で使われる。一方「アダット (adat)」は、「慣習」と訳されるほか、「伝統」、「儀礼」、「適切なふるまい」の意味にもなる、幅の広い概念である。アダットを担う単位としては、インドネシア国内に200以上存在するという民族集団が想定され、たとえば、会話のなかでは、「ジャワのアダット」、「バリのアダット」、「アダットの服」、といったようなかたちで言及される。たとえば婚礼などの祝い事で供されるナシ・トゥンペン (nasi tumpeng)（**写真2-1**）はジャワのアダットに由来する伝統食とされるし、水牛の角をかたどった女性用の頭飾りが特徴的なのは民族集団ミナンカバウの「アダット服」である（**写真2-2**）。人類学者にとってアダットは、研究の出発点となる馴染み深い言葉であり、イスラームや、国家といった要素との対立において理解されてきた。

　たとえばイスラームとの対比において力点が置かれるのは、アダットの、外来ではない「インドネシア固有の」という側面であるが、フクムとの対比では、規範的な部分を強調されて、法制度への不信感を表明するさいの決まり文句となる。それはたとえば、「裁判所や警察に行く人なんていない、われわれはアダットに基づいて解決する」といった、国家による制定法であるフクムの「弱さ」「無力さ」と、アダットの「強さ」「効果」を対置するような語り方である。このような表現の中で言及されるアダットは、それが実情にかなっているかどうかはともかく、過去においても現在においても、影響力を持続している存在である。それに対してフクムは、この語り口からも明らかなように、人々の生活にアダットほどは関わってこない、どこか遠くにある存在である。そのため人類学者もこのような姿勢を踏襲して、フクムよりもむしろアダットを議論の中心にしてきた。

写真 2-1：ジャワの伝統食ナシ・トゥンペン

写真 2-2：アダット服の図柄（西スマトラ州の民族集団ミナンカバウの伝統衣装）

第1章で論じた法多元主義は、インドネシアにおける法的状況を、政府が導入したオランダ起源のフクムと、固有法であるアダット、そしてイスラーム法が併存している、法多元主義の典型的な事例としてとらえる。法多元主義の代表的な論者である、フランツとケーベトのフォン・ベンダ＝ベックマン夫妻（Franz and Keebet von Benda-Beckmann）は、1970年代に西スマトラ州で調査を行い、世界最大の母系制社会といわれる民族集団、ミナンカバウのアダットを分析している［Benda-Beckmann, F. von 1979; Benda-Beckmann, K. von 1984］。ミナンカバウの人々は、母系氏族、財産の母系相続を維持し、インドネシアの中でも民族集団としての意識を強く持っていることで有名である。ベンダ＝ベックマン夫妻の問いは、母系的なアダット、父系的なイスラーム、そして国家法という、相互に矛盾を内在した法規範を、人々は日常生活においてどのように取り扱っているのか、というものであった。そして彼らは、イスラーム法をアダットと衝突しないかたちで受容していった経緯や、アダットに基づく紛争処理組織、あるいは裁判所という複数の集団から選択を行う当事者について詳細に記述することで、法規範の多元性と、国家法の相対的な位置とを明らかにしている。20世紀後半における法人類学の展開を整理した論文のなかでムーアは、財産所有と相続におけるアダット、イスラーム法、国家法のからみあいを扱ったフランツの1979年の著作 *Property in Social Continuity* を高く評価している［Moore 2001］。
　ただし、先述の通りインドネシア全体の状況からみれば、ミナンカバウは特にアダットが根強く残っているといわれる民族集団である。それを考慮すると、現在のインドネシアにおいて、アダット、国家法、イスラーム法が併存し、人々は状況に応じて三者の中から選択を行う、という彼らの指摘がどこまで一般化可能かということについては、検討の余地がある。また、この三者が近年、要素の配置は変わっていないとはいえ、インドネシア国家における政治的状況を背景に、それぞれの現れかたが大きく変化している点にも注意が必要である。

まずフクムに関しては、1998年にスハルト政権が崩壊してから、国際的な注目のなかで改革が進んでいる。四回におよぶ憲法改正に加えて、1999年から2006年までに、合計289の新法が制定された[1]。法は改革をめぐる議論の中心であり、政治、経済などに関するさまざまな論争も、法的な用語で表現される［Lindsey 1999: 11］。

また、近年関心を集めているのが、「アダット復興」あるいは「慣習復興（revitalisasi adat）」［島上 2003; 杉島 2006］である。杉島敬志は、スハルト政権崩壊後のインドネシア地方社会の特徴として、「アダット adat（慣習、慣習法、文化）に対する関心の高まり」［杉島 2006］を指摘している。この変化の契機となっているのは、1999年に制定された地方行政法によって、アダットをめぐる政策が大きく方針転換したことである。つまり、アダットの「復興」は、フクムによる裏づけによって生じているのである。

このように、フクムは国際的な注目の中で重要性を増しており、一方アダットは、地方分権をめざす流れの中で、新たな位置づけを獲得しつつある。だとすれば、法多元主義の単なる典型例としてインドネシアをとらえる視点から、一度離れてみる必要があるだろう。国家法、アダット、イスラーム法は単に並列しているのではなく、歴史的な状況のなかで、そのありかたを変化させつづけている。こうした動態に注目すれば、ポスト・スハルト期の変化は、フクムとアダットの概念の歴史的な積み重なりと連続していることがみえてくる。さかのぼれば、スハルト時代による支配もまたフクムを通じたものであったし、さらにはインドネシア共和国憲法にはオランダ慣習法学からの影響が色濃いのである。

アダットには「分厚い歴史の堆積」［杉島 2006: 261］が作用している、といわれる。本章において筆者が強調したいのは、そうした「分厚い歴史

---

1 日本でも、法務省、および国際開発機構による法整備支援のプログラムが進行しているほか、インドネシアをふくむ「非西欧」の法についての研究がある［小林・今泉 2002; 作本・今泉 2003; 安田 2000; 2005］。

の堆積」に、フクムもまた重なっている、ということである。アダット復興の議論における「抑圧から解放されたアダット」も、法と開発学における「持続しているアダット」も、フクムとの関係において、より詳細に検討する余地があるのではないだろうか。

このような問題意識から、本章ではフクムとアダットの概念をめぐってどのような議論が行われてきたのか、その歴史的背景とはどのようなものかを概観する。

2　分けるアダット、まとめるアダット

現在のインドネシアにあたる地域において、近代法との接触はオランダとの貿易を通じて起こった。この時点で法は、オランダ語の法、「レヒト（オランダ語：*recht*）」のことだった。その状況は20世紀に入るまで続いたが、1920年代にオランダ人法学者のなかから、アダットを現地の慣習法として尊重するべきだという主張が生まれ、論争の末に植民地政府はアダットを取り入れる。アダットはやがて、オランダの植民地支配に抗する思想として、独立運動を思想的に支えるまでに存在感を増していく。以下[2]では、オランダとの貿易がさかんになり、その過程でオランダ法が導入された17世紀から出発して、成文法とアダットをめぐる状況を整理したい。当初は、オランダ領東インドを19の領域へと「分ける」意味をもったアダットは、反植民地主義の旗印として、インドネシアという新しい単位を「まとめる」役割をも担うようになるのである。

---

[2]　以下での整理は基本的に、Burns［2004］の整理に従っている。歴史学者であるピーター・バーンズは、著書 *The Leiden Legacy* においてアダット法の概念がどのように構築され、その後どのような変遷をたどったかについて論じている。

法学者によるアダットへの注目

　ジャワ島に初めてオランダ船が到達したのは、1596年のことといわれる。17世紀から20世紀半ばにかけてのこの時期は、フクムが登場する以前の、「レヒトとアダットの時代」と呼ぶことができるだろう。オランダが導入したレヒトは、オランダの支配領域とともに拡大していく。一方でアダットは、20世紀初頭、レヒトとの対比において、表舞台に登場することになる。このような変化は、どのように進行したのだろうか。

　20世紀に入るまでのオランダ領東インドにおいて、アダットが分析の対象になることは少なかった。この時期、アダットに関心が向くことはなく、レヒトの導入が進んだ。原則として、本国と植民地との法制度は「一致（オランダ語：*concordantie*）」しているものとみなされ、アダットの位置づけはレヒトに劣るものだった［Lindsey 1999; Burns 2004］。

　オランダ東インド会社、およびその領地を継承したオランダ植民地政府の関心は、初期においては、法システムに向くことはなかった。限られた領地の中で経済活動に支障がないかぎりは、既存の慣習に基づいた法的行為が黙認され、商取引におけるレヒトと並存していた。オランダ本国も、17世紀のネーデルラント継承戦争、18世紀のスペイン継承戦争、1830年ベルギー独立などの不安定要素を抱えており、貿易が円滑に進行しているうちは、植民地における司法への関与には消極的であった。東インドの総督となったダーンデルス（Herman Daendels）および、あとに続いたイギリスのジャワ副総督ラッフルズ（Thomas Raffles）は、当時の統治方針に従って散発的な介入をしたが、それも特定の領域に限定されていた[3]。

---

[3]　バーンズは、相続や刑罰などについて、既存の規範が「一般的な平等と公正に反する」として無効にされる場合の具体例として、ジャワにおける殺人犯の処遇をあげている。当時のジャワでは、裁判を起こすのは被害者の親族であり、仮に殺人犯の自白があってもそれだけでは不十分であった。ダーンデルスは、罪あるものを見逃す恐れがあるとして、この制度への介入を指示した、という［Burns 2004: 92］。

19世紀に入ると、本国との法の「一致」の名目が、現実的に維持できないことを認識した植民地政府は、東インドにおける法体系の統一を試みる。1804年にフランス民法典が成立して以降のヨーロッパの状況を反映して、統一的法典の整備が進み、レヒトの影響力が拡大する。植民地政府は、東インドにおいても、オランダで制定された民法、刑法といった基本法典を、ほぼそのままのかたちで導入したのである。
　このようにレヒトが拡大してくると、それまでオランダ側からは存在することさえ意識されていなかったアダットとレヒトが衝突し、矛盾を生じるケースが現れてくる。こうした矛盾は基本的には、オランダ人については本国のレヒト、「原住民」に関してはアダット、という二重体制をとることで回避されたが、あわせて政府は「自発的服従」の制度を整備した。この1855年に始まる「自発的服従」は、本来レヒトの適用外であるはずの「原住民」が、自らの意思によってレヒトを選ぶことを認め、それによって法システムの単純化を目指すものであった。
　しかし「自発的服従」はその場しのぎの政策でしかなく、しだいにレヒトとアダットの摩擦、特に大規模に接収された土地に対する住民の権利についての議論（後述）が巻き起こるようになる。植民地経営が行き詰まりをみせるなか、1901年には住民の生活の向上を重視する「倫理政策」への転換が行われる。アダットの位置づけをめぐる論争が起きたのは、このような植民地政策批判の潮流のただなかであった。
　前述したようにオランダ植民地支配下の東インドでは、オランダ人と「原住民」を区分して異なる法体系を適用していた。しかし、この状況が複雑であるとして、それを簡略化・効率化するため、全住民に共通の「植民地法」を制定しようとする動きが現れる。
　これに激しく反発したのが、ライデン大学教授コルネリス・ファン＝フォレンホーフェン（Cornelis van Vollenhoven）を中心とする、ライデン学派であった。以下で見るように、1920年代の論争を経てライデン学派は、「アダット法（オランダ語：*adatrecht*）」の概念を新しく提示し、当時の

通念を覆すことに成功する。

　フォレンホーフェンは、東インドにおけるアダットの多様性を尊重し、分析・分類を進めることの必要性を主張した。そして彼は、東インド全体を 19 の「法領域」に分割する説を提唱した。これは、ほぼ同じ時期にネイティブ・アメリカン研究においてボアズらが展開した、文化の類似性によって地理的領域を区分する文化領域の概念から着想したものだった。フォレンホーフェンにとって、これらの領域の境界を越える範囲での植民地法の制定は不可能であり、前述したオランダ法への「自発的服従」についても、憲法に違反する制度だと断じた。法典を統一するという方針に加えて、ライデン学派による批判の対象となったのは、1830 年導入の強制栽培制度と、それを支えた「領地説」であった。

　まず、強制栽培制度とは、19 世紀のオランダ植民地運営が採用していた「純益政策」を象徴する制度である。植民地から得られる「純益」の最大化を目指す植民地政府は、ジャワを中心に大規模な農園を開発し、砂糖・コーヒーなどの生産物の供出を義務付け、多大な利益を得た。ここでライデン学派が問題としたのは、開発の対象となった土地をめぐる権利関係であった。当時の通念にしたがえば、東インドの土地は、オランダ植民地政府が正当に継承・獲得した領地であり、植民地政府が自由に開発できるものであった。これが「領地説」の概要である。フォレンホーフェンは、アダットにおける「処分権（オランダ語：*beschikkingsrecht*）」の研究をもとに、この領地説を激しく批判した。所有者が定まっていない未耕作地に対しても、住民によって構成される「法共同体」はその処遇に関して発言する権利があり、植民地政府が接収することは不当である。1919 年に彼は、強制栽培制度の非倫理性を告発し、その反省として、植民地政府がアダット法を適切に評価することをうながした。

　ライデン学派の主張に対しては、植民地政策の制定に携わっていた N・トレニテ（N. Trenite）らが、植民地の実情を把握していないとして反論した。歴史家ピーター・バーンズ（Peter Burns）はこれを「ライデン―ユト

レヒト論争」と呼んでいる［Burns 2004: 77］。しかし最終的には、ライデン学派の主張は説得力をもったものとして受け入れられていった。以上のような論争をへて、フォレンホーフェンを中心とするライデン学派が主張する「アダット法」の認知が広がる。その結果、1920年代、オランダ植民地政府はいくつかの方針転換を行った。

　1925年に制定された「東インド国家構成法（オランダ語：*Indische Staatsregeling*）」には、「アダット法」に関する規定が盛り込まれた。「一般的に認識された平等と公正に反する場合でも、アダット法の適用を認める」との条項は、1854年の「統治法（オランダ語：*Regeeringsreglement*）」における「本国法の優越」を否定するものであった。また、村落における司法は、アダット法のみに基づく、とされた。これによって、アダット法に基づく請求を、レヒトに従って退けることは理論上できなくなった。1928年には、植民地議会フォルクスラートは、法典の統一方針の放棄を宣言した。

　具体的な批判の焦点となった土地所有に関しては、農地委員会を組織し、検討を行うことになった。1930年の報告は、征服による土地の所有を正当化する領域説を退けた。この報告は、アダットに基づく処分権を直接に支持してはいないが、先住民の土地に対する権利に関する議論を認める土壌を指摘することができるだろう。

　フォレンホーフェンに指導されたライデン学派は、アダット法の研究を精力的に継続し、『アダット法集成（*Adatrechtbundels*）』全45巻などの著作を刊行した。こうした作業によって、アダットは司法政策においてレヒトと並ぶ地位を獲得した。こうしてアダットは、オランダ植民地主義に対抗する「インドネシア的なるもの」を示す概念として、1945年の独立宣言以降のインドネシアに引き継がれていく。こうして、反植民地・反オランダを掲げた革命運動の中で、アダットは、「インドネシア的なるもの」の象徴として機能することになるのである。

「まとめる」アダットの称揚と、「分ける」アダットの脱政治化

では、インドネシア共和国が独立を達成した後も持続した、ライデン学派の影響とは、どのようなものだったのだろうか。

独立後の議会制民主主義の時代には、アダットの位置づけについてそれほど明確な議論はなかったが、1959年にスカルノが大統領に就任することで、状況は変化する。「指導される民主主義」においてスカルノが終始強調したのは、「相互扶助 (gotong-royong、ゴトン・ロヨン)」の精神であった。インドネシアの「伝統」とされたこの概念は、個人間のお金の貸し借りから、公共事業への無償労働まで、あらゆるレベルの行為を包含するものである。スカルノがこの概念を前面に押し出すようになった経緯には、慣習法学の拠点であるライデン大学で教育を受けた法学者、スポモ (Soepomo) が関与している。スポモはライデン大学で法学の博士号を取得し、日本軍制下で組織された「独立準備委員会」のメンバーでもあった。その後、「45年憲法」の起草にも加わり、共和国の独立後は初代法務大臣に就任した。アダット法の権威として、現在に至るまでその著作が知られている人物である。

スポモの貢献は、ライデン学派の主張に含まれていた、アダットを理想としてとらえるような、ある種のロマンティシズムと、インドネシアという新たなまとまりを作りだそう、という政府の実際的要求を架橋したことにある。いまだに不安定だったスカルノ政権の初期には、アダットが含意する「インドネシア」の多様性は、分裂への呼び水になる危険性をはらんでいた。スポモは、家族主義、家長としての大統領という予定調和的な国家観を打ち出すことで、共和国の統一をも正当化したのである。ここに見える、ドイツ歴史法学の影響は、バーンズが指摘している点である [Burns 2004：242-248]。

この危うい結びつきは、スポモの死の2年後の1960年に制定された「農地法 (Undang-undang Pokok Agraria, 略称UUPA)」にみてとることができる。独立後も進んでいなかった土地関連法規の整備をめざすこの法律に

は、植民地主義の負の遺産である領地説を排除して、インドネシア独自の規範たるアダットの権利「ウラヤット権 (hak ulayat)」を認めるという、ライデン学派の主張を継承した内容が盛り込まれている。しかし、ライデン学派の用語であるオランダ語の「処分権」のインドネシア語による言い換えであるこの「ウラヤット権」には「存続しているかぎりにおいて」という限定があり、結果的にはスハルト時代にいたるまで、国家による土地の処分権を正当化するための論理として働いた。

フォレンホーフェンが定義を与え、スポモを経由してインドネシア共和国の内部に入っていったアダット法は、スカルノに、相互扶助、全員一致の原則といった概念を提供した。スカルノは、これらの概念を、「指導される民主主義」における対立や意見の不一致を覆い隠し、インドネシアの統一を担保するものとして称揚したのである。

1966年、スカルノによる「指導される民主主義」体制は終わりを告げる。大統領権限はスハルトに委譲され、この「新秩序体制」はこれ以降30年間あまり継続することになる。スハルト大統領による新秩序を特徴づける二つの論理は、「安定」と「開発」、および「家族主義」であった[白石1997]。

では、この時代、アダットの状況はどのようなものだったのだろうか。スカルノ時代との違いとは、何なのだろうか。新秩序体制がフクムを最大限に利用したことについては次節で述べるが、アダットもまたこの時期、「安定」と「開発」のロジックの中に存在価値を見出していく。スカルノ時代にみられたアダットへの素朴な依存は弱まり、よりきめの細かい、かつ厳しい対応がなされる。「開発」に役立つか、役立たないか、という判断基準のもと、その枠組みにあてはまらないものは、抑圧の対象になった。その結果としてインドネシア国内で広範に進行したのは、アダットの脱政治化、つまり、より狭い、無害な領域への封じ込めであった [中川1994；杉島1999]。

抑圧されたアダットの典型例が、ライデン学派の時代から論争の中心に

なってきた土地に対する規範である。オランダ時代に接収された土地は、原則としてそのまま国有地として引き継がれ、住民に返還されないまま、軍用地、あるいは政府機関の周辺施設として使われた。このような状況下で、例えば近隣の住民が土地への権利を主張することは、政府、つまり公共の利益に反することであり、「開発」への障害になるとして封じられた。1960年の農地法が定める慣習法上の権利の尊重はどうなったのかといえば、「存続しているかぎりにおいて」という制限条項が効いてくることになる。政府は、その土地に関する住民の権利である「ウラヤット権」は、すでに機能を失っているとしたのである。1970年代には、土地の登記を進めるための全国的キャンペーンが行われた。現在に至るまで、土地の登記は徹底されていないが、この時期のキャンペーンは、第三者が悪意に基づく登記によって土地の利用権を得る余地を残し、第6章で扱うような、現在にまで続く問題の端緒となっている。

　では、無害化された「よいアダット」とはどのようなものだったのだろうか。それは、スハルト時代の文化政策の象徴である、「タマン・ミニ・インドネシア・インダ」（Taman Mini Indonesia Indah）に見い出すことができる（**写真 2-3**）。直訳すると「美しいミニ・インドネシア公園」という名を持つこの施設は、1975年にジャカルタ近郊に開園したもので、インドネシア全土のミニチュア版として意図されている。広さ120ヘクタールにもなる公園で、現在もジャカルタの観光名所のひとつである。園内には、国内のそれぞれの州の名が入り口に掲げられた伝統家屋が並び、インドネシアをかたどった島が浮かぶ人造湖があり、その周囲をロープウェーが回る。家屋の室内には民族衣装、民具などが展示され、週末には民族舞踊を鑑賞することもできる。

　これは、封じこめられたアダットの典型例といえるだろう。ここではアダットは、各地に固有の、伝統家屋、衣装、舞踊のことであり、観光資源となることによって、新秩序体制を支えていたのである。これはこの公園に限定されたことではなく、バリやジャワなどにおける観光開発について

写真 2-3：タマン・ミニ・インドネシア・インダ

もいえる。スハルト時代、アダットはこのようにして徹底的に脱政治化されたのであって、現在注目されている「アダット復興運動」は、このようなアダットの縮小に対する反発という側面を持っているのである。

3　フクムとインドネシア性、正当性

　次に、フクムについての検討を進めていくことにしよう。日本軍による占領、独立戦争を経て成立したインドネシア共和国は、レヒトを引き継ぎながらも、独自の法「フクム」を持つようになる。ここからが「フクムとアダットの時代」である。

　1945年8月17日、インドネシア共和国の独立が宣言された。独立に向かう思想的流れのなかで、アダットが、「インドネシア」という新しく生まれた統一体を支える概念として、重要な役割を果たしたことについてはすでに述べたが、一方で、国家法としてのフクムの整備も進んだ。インドネシア共和国憲法（45年憲法）は、独立宣言と同年に公布された。そ

の他の基本法に関しては、法的空白を避けるため、既存の民法・刑法・商法などを継続して適用することとなった。

インドネシア共和国憲法、およびスカルノが提唱した「指導される民主主義」の理念には、アダットの影響をみることができる。「指導される民主主義」を、西欧起源の民主主義のインドネシア版として打ち出したスカルノは、レヒトをもインドネシア化し「革命の法」とすることを目指した。しかし、これを達成することはできず、スカルノ体制下におけるフクムは、レヒトの残滓として政治的介入を受けることになった［Burns 2004; Lindsey 1999; Pompe 2005］。

1959年から1966年まで続いた「指導される民主主義」体制は、スカルノ大統領を「磁場の中心」［白石 1997: 90］とした専制体制であった。建国直後に目指された議会制民主主義を否定し、相互扶助の精神を強調した「インドネシア的」な民主主義が目指された。

この時期、判事たちの抵抗にもかかわらず、司法への政治的介入がさまざまなやりかたで行われることになる［Pompe 2005: 52-62］。当時の判事は、オランダの方式にのっとって教育を受け、専門家として養成されていた。したがって彼らは植民地期末期には、オランダ側の視点にたって、独立運動にかかわった人々を処罰する役割を担った。共和国の独立後も、ヨーロッパ的な規範に照らし、必ずしも革命体制を支持しない判事たちは、スカルノをいらだたせ続けた。

インドネシア法研究者セバスティアーン・ポンペ（Sebastiaan Pompe）は、1959年に起きた、大統領と司法部の緊張関係を象徴する「シュミット事件」について言及している。この事件は、インドネシア政府の転覆を図ったとして起訴されたオランダ人のシュミットという人物が、政府側の操作にもかかわらず、高等裁判所で無罪になったというものである。この事件は、当時反オランダ運動を展開していた政府にとって、許容しがたいことであった。

このシュミット事件が象徴するような、大統領と判事たちの緊張関係に

直面して、政府はあらゆる方向から司法への圧力を加えた。例をあげれば、1959年の大統領令によって、法務省は防衛省の監視下におかれ、政府は、判事の人事権に関して軍が影響力を行使することを制度として認めた。

同時に、法務省のシンボルも変化した。従来のものは、はかりと剣を持ち、目隠しをした正義の女神の像であった。しかし1960年以降は、様式化されたバンヤンの木のイラストに、「保護（*pengayoman*）」というスローガンを添えたものになる。このシンボルは現在も使われているが、この変更には、法も国家が国民に与える「保護」の一形態であるという含意がうかがわれる。

また、法務省は判事が審理のさいに着用する黒いガウンを廃止し、一般の公務員と同じ制服に統一した。判事だからといって、特別扱いせず、横並びの処遇を徹底することとなったのである。並行して給与も徐々に下がり、最高裁判事よりも新入りの検事の給与のほうが高額であったという。

このように、スカルノは「インドネシア的」な法としてフクムを改革することはなかった。スカルノにとってフクムは、レヒトの翻訳にしかすぎなかったのである。結果として、スカルノ時代のインドネシアにおいては、フクムの影響力はあらゆる面において低下したといえるだろう。

その後スカルノの後を襲ったスハルトが自らの政権を正当化する論理の柱のひとつとしたのが、1945年のインドネシア共和国憲法が掲げる「法国家（*negara hukum*）」である。スカルノとスハルトの大きな違いは、スハルトが、「指導される民主主義」におけるフクムの軽視を批判し、フクムに従っていることを強調すること、そして「合法性」「適法性」を手段として徹底的に利用したことである。

スハルトは、フクムを軽視したとしてスカルノを批判し、憲法に記された「法国家」に立ち戻ることを宣言するとともに、フクムを統治の道具として徹底的に利用した。スハルト政権は、スカルノによる政策を「45年憲法からの逸脱」と非難したのである。しかし、フクムへの政治的介入も、スハルトの「新秩序」のもとでさらに激しさを増すことになる。スハルト

にとっての法とはどのようなものであったのだろうか。

　開発独裁の典型といえるこの時期のインドネシアで、法の位置は周縁的なものにとどまった、というのが一般的な見方である。しかし、いくつかの点に留意すると、新秩序体制は、法に関してはスカルノ体制とは正反対の展開を見せていることが見えてくる［Pompe 2005; Lindsey 1999］。

　新秩序体制は、成立当初、45 年憲法への回帰と、フクムによる統治を強調した。司法関係者はこの変化に敏感に反応し、スカルノ時代に著しく低下した、司法部の地位向上に向けた提言を行っている。1966 年に開かれた最高裁および高裁・地裁の所長による会合では、司法権の行政からの独立要求、具体的には人事権の法務省から最高裁への移管、および、違憲立法審査権を認めるという宣言が出た。人事権はこのとき回復できなかったが、違憲立法審査権については、政府との意見調整を待たずに、1969 年、1971 年には、最高裁においていくつかの法令に違憲判断が下っている。これは、当時の政権と司法部の力関係の流動性を示す事件といえよう。

　その後、最高裁を中心に綱引きの状態が続くが、再び司法部の発言する余地は狭められていき、1970 年にはフクムによって決着がつくことになる。この年に制定された「司法に関する基本法」（1970 年法律第 14 号）は、行政の優位を疑いのないかたちで示すものであった。第 11 条には、全ての裁判所が、組織、運営、財政を管轄する政府の部署によってコントロールされることが明記された。

　これを境に、司法への行政からの介入は、よりシステマティックなかたちで洗練されていく。個々の判事や、弁護士たちが見せた抵抗、司法関係者が無力感に包まれていく様子については Pompe［2005］に詳しいが、このようなイメージが、司法不信となって広く一般にゆきわたることになる。

　スハルトにとってフクムはあくまでも「安定」と「開発」を達成し、新秩序体制を維持するための手段であった。しかしスハルト政権下では、フクムはスカルノ時代に比べると、その地位を向上させていたことは注目に値する。フクムは力を持つものとして浸透したのである。ただし、新秩序

化のフクムには、正義、正当性の側面は欠如したままであった。これは次に見る「改革の時代」において復活することになる。

4　ポスト・スハルト期のフクムとアダット
——司法制度改革とアダット復興運動

　インドネシアにとって、1998年は大きな転換点である。この年、32年間にわたって政権を握っていたスハルト大統領がその地位を譲り渡し、新秩序時代が終わりを告げた。その後のさまざまな領域における変化に、多くの研究者が関心を寄せてきたが、フクムとアダットをめぐっては、どのような議論が行われているのだろうか。

　フクムおよびアダットは、それぞれのしかたで、スハルト大統領による「新秩序」体制下の権威主義からの脱却を進めるための、民主化の議論におけるトピックとなっている。フクムについていえば、法制度の整備、司法改革は民主化を実現するための中心課題である。そしてアダットもまた、中央に集中していた権力を分散するという地方分権のなかで、地方政治のよりどころとして、そして尊重されるべき地方の固有性として、再び注目されているのである。

　インドネシアにおける法「フクム」は、スハルト大統領による専制的な統治形態のもとでは、行政に対して従属的な地位にあった。こうした状況への反省から、フクムは現在、改革の最優先課題として国際的な注目を集めている。法システムの改革は、スハルト時代の専制的な政治体制から脱却し、民主化を進めるために不可欠な作業となっているのである。

　インドネシアの法システムについては、1997年の時点で、世界銀行が主体となって行った調査の報告書が出版されており、そのなかでいくつかの問題点が指摘されている［Budiardjo, et al. 1997］。

　（1）独立以前のオランダ法に依存しており、その後の変化に対応で

きていない
(2) 最高裁の未済事件が多数にのぼり、紛争の処理が滞っている
(3) 法律家など司法関係者の汚職が蔓延しており、国民の信頼が得られていない
(4) 司法が政治や行政の影響を受けており、司法権の独立が達成されていない
(5) 司法分野に対する財政が不十分である

　これらの問題意識は法律専門職のみならず、インドネシアの人々にとって広く共有されているものである。その後、2001年に発表された国家開発計画（PROPENAS）は、法制度の整備や、遵法精神の向上、癒着・縁故主義の排除といったスローガンをかかげ、アメリカや日本の援助団体は、法関係機関相互の交流や、司法改革推進計画への資金援助を行っている。2004年には「司法基本法」が改正され（2004年法律第4号）、法制度上、司法権の独立が保証された。日本の法学においても、法と開発をめぐる議論が活発になるとともに、従来の英米法、ドイツ法、フランス法への傾斜を反省し、東南アジア、東アジア、旧社会主義圏などの法に関する研究に取り組む潮流が生まれた。
　かつて政府の方針を表明し実現する役割を持っていたフクムが、正当性を持つ存在として再出発しようとしていることへの認識は、人々のあいだにも広がりつつある。現在のインドネシアにおいて、かつて前提となっていたほどには、フクムの存在感は小さいものではないといえるだろう。民主化後の「『法』の増加」は、インドネシアの特徴であるという指摘もある［作本・今泉 2003: 7］。
　こうしてフクムへの期待が高まるなかでアダットは、既存の制定法に比べて、実効性のある規範として、活用するべき資源ととらえられている［Budiarjo et al. 1997］。前述した報告書も、司法制度に対する不信感にたいして、アダットは人々のあいだに共有されている、とのみかたを打ち出し

ている。しかし、開発援助の文脈でいわれるアダットが、フクムに対抗できるようなはっきりとした像を結んでいるとは決していえない。アダットをめぐる諸問題については第5章でも扱うが、歴史的な視点、地方レベルの現状に関する情報が不足していることには留意しておく必要があるだろう。

司法改革をめぐる議論だけでなく、インドネシアで現在進められている地方分権もまた、アダットにも新しい位置づけを与えることとなった。過去の遺物として扱われることもあったアダットが、力を持つ概念として再び言及されるようになったのである。近代化とグローバリゼーションの中で消滅の危機に直面しているアダットを、地方自治の土台として再評価しよう、という動きが国内各地で生じている［Davidson and Henley 2007; 島上 2003; 杉島 2006］。

1999年制定の「地方分権二法」（地方行政法、中央地方財政均衡法）、および1999年から2004年にかけての憲法改正では、大統領権限を縮小し、地方自治をめぐる規定が整えられた。1999年に成立した地方行政法は、各地方それぞれの慣習法に基づく村落行政を認めた。さらに2000年に改正された憲法は、「アダット法に基づく共同体（*masyarakat hukum adat*）」を認め、尊重することを明文化している（第18B条2項）。

これがきっかけとなって、「アダットの復興」を共通項として持つ運動が盛り上がりを見せている。その表れかたはさまざまであるが、まず、村落政治への直接的影響がある［島上 2003］。既存の行政村の区分を改め、村落の境界を再編して慣習村を復活させ、および、意思決定の方式にアダットを取りいれようという議論である。つぎに、アダットがどのようなものであったか、再び調査しようとする動きもある。人々の関心がアダットという言葉に向かっても、その内実については、もはや統一見解は存在していない。公的な資金援助によって、アダットを把握しなおす作業が始まっているのである［杉島 2006］。

これらの活動は、民主化に資するものとして国際的な援助の対象とも

なっているが、土地の権利に関しては、より状況は深刻である。慣習法をよりどころとする諸団体の活動が活発化しており、現在、国有地として使われている土地などに対する集団的所有権を主張している。このような状況に対する処方箋は全く見えておらず、暴力をともなう紛争にまで先鋭化している。スラウェシ、フローレスといった地域では、国立公園の境界をめぐる紛争が長期化している一方で、スマトラやモルッカにおいては、かつての王国に連なるエリート層が、個人の利益のために一度は捨て去っていたアダットを動員するケースも出てきているのである［Davidson and Henley 2007］。

5 アダットの再評価とフクムの広がり

　以上、ポスト・スハルト時代の特徴として、国家のレベルでのフクムに関する議論の活発化とそれにともなうアダットの再評価の動きと、地方のレベルで起きている、アダット復興の二つについて述べた。この二つは、全国単位での標準化と、地方の多様性の尊重という正反対のベクトルを持っているようにみえるが、しかし、ここで注意したいのは、両者が対立する現象ではなく、実は深いつながりをもっているということである。例えばアダット復興の契機となっているのは、地方分権を定めた新しい法律である。タナ・トラジャ県において慣習村「レンバン」の復興は、県令に基づいて行われ、議会の設立へと向かった［島上 2003］。フローレスにおけるアダットの保護政策も、「中央政府の政策にもとづいて立案」されている［杉島 2006: 261］。つまりどちらの事例においても、アダットの「復興」が、フクムを通じて成し遂げられているのである。

　前節までで議論してきた歴史的背景を考慮すると、本節で扱った表面的な矛盾、およびフクムの領域の拡大は、スハルト政権崩壊後に現れた現象ではないことが明らかになる。オランダ植民地政府によって、当時の東インドに持ち込まれたレヒトは、その反作用としてアダットの理念への肯定

的評価を生み出し、ライデン学派によるアダット法の法典化をもたらした。その後成立したスカルノ体制は、アダット的理念の賞賛についてはライデン学派の姿勢を継承したものの、レヒトを置換したところのフクムについては、形式だけを整備したのちに、非インドネシア的であるとして抑圧した。スカルノが退いたのちスハルトは、スカルノが見せた法を軽視する姿勢を批判した。スハルトは、45年憲法に拠って、フクムを近代化・開発の基礎として重視する姿勢を打ち出し、安定のための手段として国内全域に浸透させた。並行してアダットは、地域固有の民族衣装や建築といった領域に押し込められ、政治的に無害なものになっていった。

つまり、本章の冒頭で述べた「裁判所に行く人なんていない」「遠いところにあるもの」という従来のフクムのイメージは、フクムの実態を示すものではなく、スハルト時代最盛期に形成されたイメージが固定化したものと考えられるのである。こうしたイメージにもとづいて人類学は、自らの研究関心をアダット、特に村落レベルにおけるアダットに引き寄せて論じてきたし、現在でもその状況は依然として変わっていない。確かに、たとえば土地所有についての実践を理解するには、このような蓄積が不可欠であり、現在でも少なくない数の人々がフクムをさほど意識せずに生活しているかもしれない。しかし、筆者が本章を通じて明らかにしたのは、通念的なイメージに反して、インドネシアにおけるフクムは、長い歴史の積み重なりの中で浸透しつつあるものだということである。

たとえば、アダットの復興をとりあげる研究や議論においては、地方分権法はきっかけとしてのみ扱われる傾向がある。しかし、本章において扱ったような歴史的経緯、さらに、スハルト政権崩壊後に国外、つまり国際社会からフクムに付与されつつある正当性を考慮すると、フクムと地域社会の関係はより複雑な様相を持っているのではないだろうか。

以上、本章では、フクムがアダットに依存しつつ、他方でアダットを封じこめていること、そしてアダットがフクムを正当化し、またある面では対立しているということについて記述してきた。インドネシアにおける慣

習法は、もともと慣習法があったところに、西洋起源の国家法が移植され、近代化によって慣習法が影響力を失う、あるいは、にもかかわらず依然として人々のあいだで共有されているといったモデルで説明することはできない。次章では、インドネシアという国のレベルで続いてきたこうした議論をふまえて、調査地である北スマトラ州メダン市について概説する。

第 3 章

メダンの発展、アダット間の関係

前章では、インドネシアにおいてフクムとアダットの概念がどのように扱われてきたのかを整理した。そこでは、オランダ植民地支配期から現在に至るまで、フクムが徐々に影響力を強め、アダットが「文化」の領域に封じこめられつつあったこと、しかし一方で1998年以降、地方分権化の流れのなかで再びアダットが脚光を浴びるようになったことについて述べた。こうしたフクムとアダットの関係が本書の主題であるが、それをより深く議論するためには、具体的な事例の検討が必要になる。
　このために本書では、フクムの中心である首都と、アダットが求心力を持つ村落との中間にある地方都市、具体的には北スマトラ州の州都メダン市に焦点をあて、そこにおける具体的な状況を通じて、地方レベルでのフクムとアダットについて議論を進める。
　以下ではまず、先行研究などに言及しながらメダン市を概観する。つぎに、アダットをめぐる主張と密接に結びついている、メダン市の発展史を追う。本章ではこのような作業によって、なぜメダン市を本書における検討の対象とするか、メダン市の状況から何が明らかになるかについて論じる。

1　多民族都市、メダン

　北スマトラ州の州都メダンは、人や物資がさかんに行き来する、活気のある都市である。スマトラ島の東岸部に位置し、マラッカ海峡に面した港町ベラワンとは30キロほど離れている。起伏の少ない地形で、市内にあるいくつかの河川は、スマトラ島をつらぬくバリサン山脈を水源としてマラッカ海峡に流れこむ。南に向かう道路は徐々に山道になり、車で二時間ほど登ると、週末の避暑地としてメダン市民に人気の、ブラスタギの町に着く。メダンは、山地が平地へとひらける地点に発達しているのである。
　市内中心部には、6、7階建てほどのオフィスビル、ホテル、ショッピング・センターが並ぶ。雑然としたこの街を観光目的で訪れる人は少な

図 3-1：メダンの位置（筆者作成）

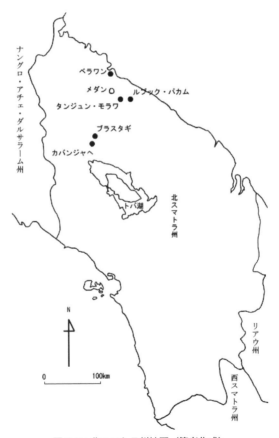

図 3-2：北スマトラ州地図（筆者作成）

が、サーフィンの国際大会が開かれることで有名なニアス島や、インドネシア最大の湖であるトバ湖へと向かう観光客は、メダンを経由することになる。道路を見渡せば、ワゴン車を改造した小型のバスや、独特な形状のサイドカーをつけたバイク・タクシー、手入れの行き届いた日本車などが、ところどころアスファルトが陥没してできた穴をたくみに避けて走っている（**写真 3-1、3-2**）。メダンを起点とした鉄道は、かつてのプランテーション地帯を抜け、キサラン、テビン・ティンギ、プマタン・シアンタールといった町を結んでいる。現在は郊外に移転した[1]が、調査時においては、市街地のほぼ中央に位置するポロニア国際空港から、ジャカルタなど国内各地への便のほか、マラッカ海峡をはさんだ隣国マレーシア、シンガポールへの便が発着していた。シンガポールにほど近いバタム島や、マレーシアのペナン島は、先述したベラワンの港と、国際フェリーで結ばれている。2010 年の統計によれば、メダン市の人口は 200 万人を超え、これはスマトラ島では最大、インドネシア国内では首都ジャカルタ、スラバヤ、バンドゥンにつぐ規模といわれている。

　メダンといえば、ビジネスに従事する華人の存在感が大きいことで全国的によく知られている。イムレック（*Hari Raya Imlek*）と呼ばれる中国正月や、仏教の祝日ワイサック（*Hari Raya Waisak*）[2]を祝う行事も盛大に行われる（**写真 3-3、3-4**）。国民の多数を占めるムスリムにとっては忌避の対象である豚肉を、市場で手に入れることもできる（**写真 3-5**）。他方でメダンの人々については、声が大きくて粗野だというイメージをもって語られることもある。これはメダンが州都となっている北スマトラ州に多く住む民族集団、バタックの人々のイメージである。彼らについては、いまあげた点のほかに、歌が上手といったよく知られたステレオタイプもあり、

1　2013 年、メダン市郊外にクアラ・ナム国際空港が開港し、空港と市内を結ぶ鉄道路線も開通した。
2　釈迦の誕生日。日本でいう「花祭り」にあたる。

写真3-1:メダン市中心部

写真3-2:市内の様子

写真 3-3：中国正月を祝うイベントの様子

写真 3-4：ワイサックのパレード

写真 3-5：市場の中で豚肉を扱っている店

写真 3-6：民族集団バタックの伝統家屋

写真 3-7：ムラユの婚礼

写真 3-8：マイムーン宮殿

地元の人に人気の避暑地トバ湖のほとりにはバタックの伝統家屋が並ぶ（**写真 3-6**）。彼らのなかにクリスチャンが比較的多く、伝統料理には豚や犬が使われるということが、ムスリムが多数を占めるインドネシアで、強い印象を残すだろうことは想像にかたくない。かつては食人の習慣があったという伝説すら残っている。

　こうしたバタック人の印象の強さに加え、独立後政府がそのイメージを強調するような文化政策をとったこともあって、一般の人々だけでなく研究者によっても、メダンはこれまで、北スマトラの山地・高地から移民してきた民族集団バタックとの関係において理解されてきたのである。

　しかし実際にはメダンは、上であげた華人やバタックだけでなく、ジャワ人、ムラユ人、タミル人といったさまざまな背景をもつ人々が暮らす、多民族、多宗教からなる都市である（**写真 3-7**）。たとえばメダン市内には、マイムーン宮殿という壮麗な宮殿がある（**写真 3-8**）。これは、かつてメダンを支配していたムラユ系デリ王国のスルタンの宮殿である。メダンの周辺は、行政上はデリ・スルダン県にふくまれるが、その地名は、この地域に勢力を持っていたデリおよびスルダンという二つの王国の名に由来する。そして後述するように、19世紀、大規模なプランテーション開発を可能にしたのは、農園を経営する企業がこのデリ王国のスルタンとかわした長期の土地租借契約で、それが第6章でみるような土地所有権をめぐる紛争の下地となっているのである。

　では、こうした複雑な民族状況はどのようにして生じてきたのだろうか。メダン市の発展に大きな影響を与えているプランテーションと関連づけながら、この地域の歴史をみていくことにしよう。

2　東スマトラの港市国家と後背地

　プランテーションの開発が始まる前の東スマトラでは、複数の王国による勢力争いが続いていた。すでに15世紀の時点で、マラッカ海峡におけ

る海洋交易が活発化し、金や香辛料などの貿易を行うマレー系の港市国家が台頭していた。これらの国家は、マラッカ海峡に流れこむ河川の河口部に発達し、内陸部から河川にそって運ばれたコショウなどの生産物が、港を経由して、ヨーロッパ・西アジア・南アジアなどに輸出されていった。

東スマトラでも、アチェ王国やシアック王国といった港市国家が、後背地からもたらされる物資の輸出を経済活動の中心としていた［弘末 2004; Reid 1988］。現在のメダンを影響下においていたマレー系のデリ王国も、こうした港市国家のひとつで、その存在は 17 世紀にまでさかのぼることができるという［Mahadi 1978; Sinar 1991］。

17 世紀のスマトラでは、スマトラ島北端を拠点とするアチェ王国と、マレー半島南部のジョホール王国が覇権を競っていた。その過程でアチェ王国は、スマトラ島東岸部で 13 世紀以来コショウなどの貿易で栄えていたアル王国を滅ぼす。その後、アル王国にかわって東スマトラを支配するようになったのが、デリ王国であった。そして 18 世紀に入ると、アチェ、ジョホールの双方が分裂状態におちいり、デリは、かわって台頭したシアック王国の属領となる。このように、植民地支配期以前のスマトラ東岸部では、特定の王国が長期にわたって支配を貫徹するということはなく、複数の王国が覇権を競いながらめまぐるしく離合集散した。ティモシー・P・バーナード（Timothy P. Barnard）は、この時期の東スマトラの特徴として、権威の中心が複数あったことを指摘している［Barnard 2003］。

東スマトラではマレー商人によってさかんに交易が行われ、それが多様な政治的な動きを生んでいた。そこで取引されていた樟脳などは、内陸部に居住するバタックの人々が生産したものだった。つまり、海域部／内陸（山地）部、マレー（ムラユ）／バタックという区別が存在していたのである。内陸部は、19 世紀にオランダが進出するまで、けわしい地形によって海岸部から隔絶されており、マレー商人が信仰するイスラームも浸透していなかった。そこで暮らす人々に対して「バタック」という名称が使われたのは、山地にすむ異教の民を、海岸部のムスリムと区別するためだっ

たともいわれる［Steedly 1993: 44］。マレー商人は貿易の仲介者としての地位を独占し、現在まで残るバタックの食人伝説は、この時期、外来商人を恐怖させて内陸への介入を躊躇させ、結果として、港市国家のマレー商人たちが、内陸へのアクセスを独占するという役割を持っていたという［弘末 2004: 69］。

　しかしそうした状況も、19世紀にヨーロッパ勢力の介入が強まると終わりを告げる。まず1858年、シアック王国がオランダの保護領になると、デリ王国は、1862年にシアックからの自治権をえて、オランダの影響下に入ることを選ぶ。世界的な評価を得たデリにおけるタバコ・プランテーションの開発は、その2年後、1864年に始まるのである。

3　タバコ・プランテーションの繁栄と衰退

　山地のバタックと外来商人との取引をマレー商人が仲介する、という構図は、19世紀に入ると山地と海岸部の両方で変化することになるが、海岸部で生じた変化は、大規模なプランテーションの開発である。

　デリのプランテーションの歴史は、1864年、最初の入植者ニーンハイス（Nienhuys）によって始められたといわれる。そこからの10年間は、プランテーションの開拓期といえよう。最初の数年は、ナツメグ、さとうきび、藍など各種の商品作物の栽培が試みられたが、その結果、現在のメダンをとりまく地域の土地が、タバコの栽培に最も適していることがわかった。

　この時期のオランダ本国においては、植民地政策がいわゆる自由主義へと転換し、植民地政府が指導的立場にあった東インド領内で、私企業の主体的活動を認めることになった。1869年には、オランダ領東インドにおける最初の有限会社「デリ会社（オランダ語：Deli Maatschappij）」が設立され、作物をタバコにしぼって、当地を支配していたスルタンから大規模に土地を租借することによって農園の開発が行われるようになったが、この

租借契約が第 6 章で扱う土地紛争の淵源となっている。

　デリ会社は本社をメダンにおき、ニーンハイスがオランダに帰国したのちも、経営を拡大していった。デリ産のタバコ葉は、19 世紀後半、葉巻の外側を巻きあげるラッパーと呼ばれる部分に使われて、世界的な人気を博したのである［Pelzer 1982; Stoler 1988; 1995; Thee 1977; Wertheim 1993］。

　デリ会社のタバコ農園は最大の規模を誇ったが、他会社による開発も進められ、1873 年からの 10 年間、タバコ・プランテーションは最盛期を迎えた。農園の数はデリだけでも 44、周辺の地域もふくめると合計 70 以上にのぼった。デリ会社が生産したタバコの量は、1870 年には約 20 万キロだったものが、1883 年には 340 万キロを超えた［Breman 1990: 24］。1884 年の時点におけるヨーロッパ人入植者は約 700 人で、そのうち 390 人がオランダ人であったという［Mahadi 1978: 40］。

　急速に拡大したプランテーションは、労働力の圧倒的な不足という課題に直面した。デリ会社をはじめとする入植者は、スマトラの外から労働者を移住させた。当初は華人、その後ジャワ人の労働者がタバコの栽培、選別などの作業にあたった。これが、現在もこの地に華人とジャワ人が多く暮らしていることのひとつの原因である。この結果、東スマトラの人口は劇的に増加し、1880 年の 10 万人から、50 年間で 150 万人にまで増加した。

　しかし、繁栄をきわめていたプランテーションも、1880 年代なかばに起こった経済危機によって、大きな影響を受ける。コーヒー、砂糖などとならんでタバコの値段が大暴落し、1888 年には 148 を数えたタバコ農園は、1912 年には 97、1932 年には 61 にまで減少したのである［Pelzer 1978: 52］。とはいえ、タバコの生産が縮小した後もプランテーションの運営は継続し、さとうきび、ゴム、カカオ、アブラヤシ、コーヒーなどの生産が続けられた。

　オランダ植民地支配下でのプランテーションでは、周辺住民や労働者とのあいだの緊張関係は常にあったが、比較的運営は安定していた。こうし

た状況は1942年に日本軍が北スマトラに上陸した後もそれほど変化しなかった。というのも、熱帯域におけるプランテーションの経験の浅い日本軍は、プランテーションの生産活動を継続させるために、デリではオランダ人を管理職として滞在させ、彼らのノウハウを利用したためである。しかし他方で、日本軍はプランテーション用地とされながらも、未開墾のままになっていた土地や休耕地における食料生産を奨励する、ということも行った。そのために、オランダ時代に厳密に囲いこまれていたプランテーションの境界が崩れることになる。

そうした状況は、独立後に「農園占拠問題」として表面化する。混乱状態におちいったプランテーションに、周辺住民が流入したのに加えて、人口密度が増していた山地から、バタックの人々が大規模に移住したのである［Cunningham 1958; 加納 1985］。プランテーションを原則として国有化することで、農園占拠問題を解決することを目指し、1960年に農地法が制定された。

4 バタック

ここで海岸部のプランテーションから少し離れて、バタックという民族集団についても説明を加えておこう。すでに述べているように、バタックはスマトラの内陸の山地を祖地とする民族集団であり、トバ、カロ、マンデイリン、シマルングンの下位区分が存在するといわれる[3]。ただし、その下位区分としての諸集団の間では、宗教・言語などの面で大きなばらつきがある。たとえば言語に関しては、トバ・バタック語と、ブラスタギ周辺に暮らすカロ人の用いるカロ語では意思疎通が難しいという。その意味で、バタックという名称はかつて、海岸部で交易に従事していたムスリム商人

---

[3] 加えて、アンコラ、タパヌリ、パクパクなどが用いられることもあり、区切り方は論者によってさまざまである。

と、山地に住む異教の人々を区別する目的で作られたカテゴリーにすぎないともいわれる [Steedly 1993: 44]。

　内陸部に住んでいたバタックだが、19世紀後半には、彼らの住む地域までドイツの宣教師がやってきて継続的に活動するようになり、その影響でトバ、およびカロの人々がプロテスタントに改宗する。この時期活動した宣教師たちは、バタックについての観察記録を残しており、これがバタック研究の出発点であるといえる。

　バタックに関しては、現在にいたるまで、インドネシアにおけるキリスト教地域としての研究が蓄積されてきた。バタックのアダットがキリスト教によってどのような影響を受けているのか、どのように葬送儀礼や結婚儀礼が行われているのか、といった問題のほか、いわゆる狭義の「アダット」、つまり伝統音楽・木彫り・織物などの工芸も注目されている [Causey 2003; Ikegami 1997; Rodgers 1981]。また、マーガレット・スティードリー (Margaret Steedly) は、メダン市内、および近郊の街ブラスタギ周辺に多く居住するカロ・バタックの霊媒たちによる、歴史をめぐる語りについて調査を行っている [Steedly 1993]。すでに述べたように、独立後の北スマトラでは、山地からメダンを含む低地への大規模な移住が起きたが、霊媒たちもまた、20世紀後半に高地からメダンへと移住してきたのである。

5　メダンの発展

　プランテーションの発展にともなって、都市として拡大してきたメダンの歴史は比較的浅く、19世紀まではムラユ系の人々が住む小さな村落にすぎなかったといわれている。しかし、19世紀後半、オランダによる大規模な農園開発が始まると、農業生産物の集積地となったメダンは急速な発展を遂げる。この過程において、デリ会社の本社がメダンにおかれ、裁判所をふくむ各種の機関もまたこの時期に設置されたように、メダンはオランダによる植民地経営における拠点として位置づけられたのである。特

にメダンを通じてヨーロッパ向けに輸出されたタバコは莫大な利益を生み出したが、それをうけたプランテーションの拡大と労働力の不足によって、ジャワ人、華人の移民労働者が流入し、メダンとその周辺は大幅な人口増だけでなく、その人口構成も大きく変化することになる。

その過程でメダンは、農園会社とのあいだで土地の租借契約を結んだデリ王国の中心となり、1891 年にはスルタンの居所としてマイムーン宮殿が建設された。そして上述のように、独立後にはバタックの人々も大量に流入する。こうして、現在のような多民族状況が生まれたのである。

独立後のメダンは、その大きな人口によってインドネシア政府によって北スマトラ州の州都に指定され、この地域の政治経済の中心地としての役割を担うことになる。州議会に加え、植民地期に引き続いて地方裁判所がおかれたメダンは、一方ではフクムに近い位置にあるといえる。他方でメダンについて興味深いのは、すでに述べてきたような歴史的背景によって、複数の民族＝複数のアダットが存在している、ということである。これについて人類学者のエドワード・ブルーナー（Edward Bruner）は、メダンにおいてはそれぞれの民族集団が常に競合状態にあり、「優勢な文化」が欠如している、と述べている［Bruner 1974］[4]。こうした状況は現在も続いて

---

4 ただし、先述の「北スマトラ＝バタック」というイメージが普及していることもあり、メダンにおけるバタックのアダットを研究する動きも少なくない。ブルーナーも、メダンにおけるバタックを対象として、都市的な状況におけるアダットについて議論している。彼によれば、アダットに基づく社会的な結びつきは、都市に住むトバ・バタックのあいだで、変化しつつも影響力を弱めてはいない。むしろ、都市においてこそ、親族集団を基礎としたネットワークを活用する余地が見出される、という。また木村敏明は、メダンに移住したトバ・バタックを対象として調査を行い、都市におけるトバ・バタックの信仰、特にアダットとキリスト教の関係について調査し、アダットに基づく結婚儀礼が、いまなお人々に根強く支持されながらも、そのあり方についてローカルな試行錯誤があり、多様な実践が行われている様子を明らかにしている［木村 2002a; 2002b］。

いる。

　本章では、メダンの都市としての発展を追い、合わせてメダンにおけるフクムとアダットの関係についてみてきた。それは次のようにまとめることができる。

　まず、北スマトラは内陸部のバタックと海域部のムラユという分布があったが、メダンはその両者の中間地点に位置している。そのため、メダンはオランダ植民地支配期に、プランテーションで生産されたタバコなどの集積地として、大きく発展した。それに加え、プランテーションの歴史を通じて、メダンには様々な民族が集まり、それらが競合する状況が生じている。これは今述べたバタックとムラユのほかに、やはりプランテーション労働者としてやってきた華人やジャワ人などもあげることができる。それぞれの民族集団は、華人を例外として、メダンや北スマトラでの生活のなかで「アダット」と呼べる慣習（法）を持つことになっている。これについては特にバタックの儀礼や霊媒等について研究が進められているが、しかし後述するように、土地をめぐるムラユのアダットも重要な問題になっている。

　こうして、多様な民族集団が存在している都市メダンにおいては、伝統文化という意味ではバタックやムラユの「アダット」が意識されている一方で、多数派の民族集団は存在しない。特定のアダットが慣習法として機能することは難しいため、インドネシアの国家法への信頼が一定程度存在している。このことがフクムとアダットの関係を考える上で重要な条件を提供するのである。

　では、地方分権化の時代において、メダンでは実際にどのようなことがおきているのだろうか。第4章以降では、こうしたフクムとアダットの関係について、地方裁判所に焦点を当て、議論を進めていくことにする。

第4章

訴訟が行われる場所

前章では、メダンが多民族都市として発展してきた経緯を追うことで、現在のメダンにおけるアダットが、フクムを補完するものとも、あるいは逆にフクムに対抗するものともとらえにくいことの歴史的背景について論じた。では、フクムとアダットのこのような関係は、現在のメダンの地方裁判所のありかたとどのようにかかわっているのだろうか。第4章では、メダン地方裁判所の業務とその特徴を分析することで、地方裁判所においてフクムとアダットがどのように現れるのかを検討したい。

　司法制度全体を対象にする開発法学やアジア法学などの視点からは、「地方」裁判所は司法システムの周縁であり、中央の管理が必ずしも行きとどいていない、実態の見えにくい存在であり続けている。これは、法学の見地からはおもに法律の条文が分析の対象となること、最高裁判所の判事といった政府に近い人々から協力を得る場合が多いことを考慮すると、当然のことかもしれない。しかし、第2章および第3章で言及したような、アダットに内在する複雑さをふまえれば、地方裁判所においても、法廷におけるアダットの適用を前提することはできない。

　また前章で述べたように、これまでの法人類学の立場からは、さまざまな紛争処理の手法のなかで、裁判所は人々の日常から遠いものであって、そのへだたりからどのような問題が生じるかが議論されてきた。インドネシアの西スマトラ州で調査をしたケーベット・フォン・ベンダ＝ベックマンは、村落におけるアダットと、法廷で判事が適用するアダットがまったく異なることについて論じている［Benda-Beckmann, K. von 1984: 23］。

　こうした紛争処理過程の民族誌のなかで「裁判所」は、内側に存在している階層構造や管轄の違いなどにもかかわらず、ひとつのユニットとして登場する。つまり、訴訟はもめごとを処理するというより大きなプロセスのうちのひとつのステージなのである。そこでは、訴訟が起きるということは、もめごとが泥沼化し、ローカルなレベルでは手に負えなくなったことのひとつの指標であり、そこで取り上げられる問題は、訴訟という「非日常」と日常的感覚とのずれ、そして裁判所と紛争当事者の断絶などであ

る。しかしこうした研究からは、毎日裁判所に勤務する判事・書記官や、日常的に裁判所を利用する弁護士・紛争当事者などがどのような人々なのか、裁判所はどのような紛争を処理しているのか、ということは見えてこない。

以下では、こうした問題意識から、地方裁判所におけるフクムとアダットの関係を検討するとともに、裁判所が人々の生活から遊離した存在というわけではなく、周囲をとりまく社会と裁判所が地続きであるような側面を明らかにしたい。これは、後に続く章で取りあげる具体的な問題が、どのような場所で進行しているのかについての予備知識ともなる。地方裁判所は、村落の寄合のような伝統的紛争処理組織とは多くの点で異なっているが、かといって厳格な国家機関というわけでもない。司法制度の構造や、法廷内部の様子など、一般的な法学の用語で説明できる部分がありつつも、細部に入っていくと、そこにはメダン地方裁判所という、インドネシアの都市における法的領域に独自の特徴がみえてくる。

1　司法制度と統計資料からみる地方裁判所

まず、インドネシアの司法制度の概要をみてみよう（図4-1）。インドネシアの司法制度は、ジャカルタにある最高裁判所（Mahkamah Agung）を頂点として、通常裁判所（Pengadilan Umum）・行政裁判所（Pengadilan Tata Usaha Negara）・宗教裁判所（Pengadilan Agama）・軍事裁判所（Pengadilan Militer）という四つの系列に分かれる［島田 2004; 山下 2003］。このなかで行政裁判所は「公務員、または、国家機関の行った行政処分に対し、その行政処分の名宛人が処分の無効等を求める事件を管轄する」［島田 2004: 389］。また宗教裁判所は、ムスリムの間の婚姻、相続に関する事件、そして軍事裁判所は、国軍・警察にかかわる事件を扱う。

これらを除いた一般の民事・および刑事事件の処理にあたるのが、本章

第4章　訴訟が行われる場所　　71

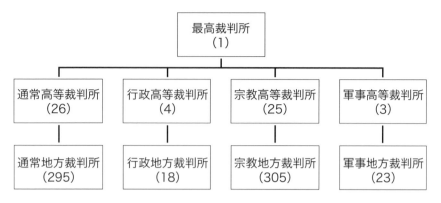

図 4-1：インドネシアの司法制度概要（カッコ内の数字は設置されている数）

のおもな対象である地方裁判所（Pengadilan Negri Umum）[1]となる。またそれに加えて、近年、特定の領域を扱う特別裁判所が新設された。たとえばメダン地方裁判所は、商事事件を迅速に解決することを目的とする「商事裁判所（Pengadilan Niaga）」、人権侵害に特化した判事が担当する「人権裁判所（Pengadilan Hak Azasi Manusia）」、20才以下の児童を成人とは区別して裁く「児童裁判所（Pengadilan Anak-Anak）」、という三つの特別裁判所を併設する。

では、こうした規定のもとで、地方裁判所はどのように利用されているのだろうか。メダン地裁は、北スマトラ州に17ヵ所ある地裁のうちのひとつである。2004年の『メダン地方裁判所年報（Laporan Pengadlian Negri Medan）』によれば、刑事事件は年間で約3,000件、交通違反などの軽犯罪をふくめると数字は5万件を超える。一方で、新規に受け付けた民事事件は約500件となっている（**表4-1**）。

司法統計の作成は法務部が担当するが、データの管理が徹底しているとはいえないため、これらの数値の信頼性には疑問が残る点もある。ただ、

---

[1] 直訳すれば「通常国家裁判所」となるが、控訴審にあたるのが「高等裁判所」であることをふまえて、ここでは「地方裁判所」という訳語を用いる。

	刑事	軽犯罪	民事
2003年未済	805	---	378
新規受理	3,159	49,122	502
既済	3,209	49,122	361
控訴	180	---	171

表4-1：2004年のメダン地方裁判所における紛争処理
（出典　Laporan Tahunan Pengadilan Negri Medan 2004）

年	前年度未済	新規受理	既済	確定	控訴
1994	320	587	665	337	338
1995	242	594	514	307	207
1996	322	426	385	150	171
1997	363	579	605	-	252
1998	337	599	623	-	138
1999	311	524	525	-	239
2000	310	540	477	418	203
2001	373	508	554	153	401
2002	327	509	580	357	223
2003	256	502	386	-	189
2004	378	502	361	-	171

表4-2：メダン地方裁判所で新規に受理された民事事件、1994年-2004年
（出典　Laporan Tahunan Pengadilan Negri Medan, 1994-2004）

　刑事事件に比べて民事事件が少ないという点に関しては、筆者が傍聴した際の印象と重なっており、おおよその傾向を把握することは可能であろう。

　刑事事件の内訳は、窃盗・麻薬関連が大多数を占める。民事事件についてより詳しくみていくと、最近10年間で新規に提起された訴訟の数は、400件から600件のあいだを推移している（表4-2）。原因別にみると、約200件が離婚訴訟であり、そのほか賃貸契約、土地所有、売買契約に関する訴訟が多い。

　離婚訴訟がほぼ三分の一を占めることについては説明が必要だろう。インドネシアでは正式な離婚のためには、裁判所における手続きが必須である。本節の冒頭でふれたとおり、ムスリム間の離婚については宗教裁判所の管轄であるため、地方裁判所ではムスリムではない人々、すなわち、キ

リスト教徒、仏教徒、ヒンドゥー教徒の離婚手続きを扱うことになる。ただし、これら離婚のための訴訟は、養育権や財産分与をめぐる対立などが争点にのぼらなければ、通常ルーティンとして処理される。

　したがってこの統計では、当事者間に意見の不一致、対立点が存在するという意味での「訴訟」の定義には入らないものと、子供の親権や財産の配分が争点になっている「訴訟」とが区別されていない。統計の取りかたにこのような特徴があるため、ここであげた統計資料は、あくまでもおおまかなイメージをつかむためのものである。では次に、場所としてのメダン地裁がどのようなところなのかを見てみよう。

2　メダン地方裁判所の様子

　メダン地方裁判所は、官公庁や銀行が集まるメダン市の中心部に位置する（**写真 4-1、4-2**）。数百メートルの範囲内には北スマトラ州政府やメダン市庁舎があり、通りをはさんで反対側には、芝生の植えられた「独立広場」がある。向かって右側にはインドネシア共和国軍の施設、左側には北スマトラ州高等裁判所が隣接する（**写真 4-3**）。

　裁判所の入口には数名の警備員が常駐している。中に入ると、まず天井の高いロビーがある（**写真 4-4**）。ロビーには、テレビのモニターが一台あり、今日の裁判の一部について、事件番号、裁判官、代理人の名前を映し出している。ただし網羅的ではなく、今日、というだけで時間は決まっていないので、画面に関心をはらうのは、見学にきた学生くらいのものである。

　つきあたりにあるのが所内で最も大きな大法廷（**写真 4-5**）で、その周囲をかこむように、7つの小法廷、判事の居室、所長室、書記官長室、副書記官長室、および、民事部、総務部、法務部がある。これが1913年建設の本館であり、裏手には、1971年に建てられた3階建ての別館がある。別館には、刑事事件の被告のための拘置室、書記官の居室、刑事部、経理

写真 4-1：メダン地方裁判所外観

写真 4-2：メダン地方裁判所の看板

写真 4-3：メダン高等裁判所外観

写真 4-4：ロビーの様子

写真 4-5:大法廷を見学する高校生たち

写真 4-6:法廷の内部

本館	大法廷、小法廷、総務部、民事部、法務部、所長室、判事室、書記官長室、副書記官長室

別館	3階	商事法廷、児童法廷、判事室、児童用勾留室、図書室、会議室
	2階	書記官室、礼拝所、経理部、人事部
	1階	刑事部、勾留室(男性用・女性用)、食堂

表4-3:メダン地方裁判所内部の配置

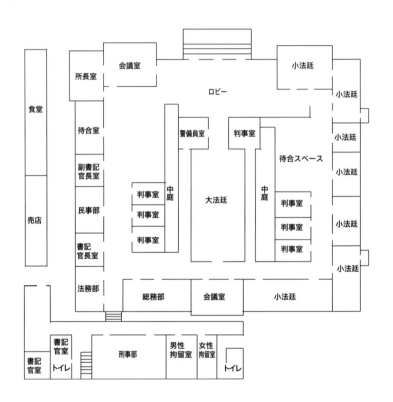

図4-2:メダン地方裁判所1階の略図
(メダン地方裁判所所長室内の掲示物より作成)

写真 4-7：大統領と副大統領の写真

部、商事裁判所の法廷、児童裁判所の法廷、食堂、礼拝所などがある。

　判事、書記官ともに人数は約 30 人、事務官は民事部、刑事部それぞれに 10 人前後、そのほかの部署にはそれぞれ 5、6 名ずつ配置されている。警備員などをふくめると、地裁に勤務している人の人数は、約 100 人といったところである。

　法廷の内部には、国家の組織としての威厳を演出するようなものが、いくつか配置されている (**写真 4-6**)。開放されているドアから中を眺めると、正面中央の壁にインドネシア共和国の紋章、その両脇にインドネシア共和国大統領および副大統領の写真[2]が飾られ (**写真 4-7**)、その手前には旗があるのが見える。向かって左がインドネシア共和国の国旗、右が法務人権省の旗である。これらの内装は、インドネシアの政府機関と共通している。

　学校の教室を思わせる長方形の部屋の前方は、教壇のように一段高く

2　調査開始時の 2004 年には、スシロ・バンバン・ユドヨノ大統領が当選したばかりであった。

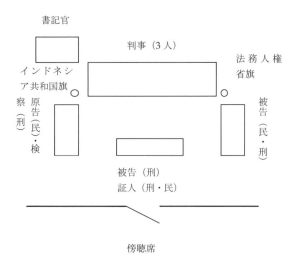

図 4-3：法廷内の見取り図

なっていて、表面が緑色のフェルトで覆われた大きな机が置いてある。三人の判事が並んで座るこの机は、法廷を象徴するものであり、インドネシア語で「緑の机」というと、「裁きの場」というような意味になる。中央に座るのが進行役をする主判事で、椅子もほかの二人のものよりもひとまわり大きい。判事席の左奥は書記官の席で、判事は後ろを振りかえっては、担当書記官に事件番号を確認する。同じ書記官が担当する事件の審理は続けて行われることが多い。審理中、書記官はメモを取りながらやりとりに耳を傾ける。事件の記録を専門に担当する、速記官にあたるような職員はいないため、記録をとり、書類を作るのも書記官の役目である。

　メダン地裁では判事と当事者の動線は必ずしも分かれていないが、法廷の前後にある扉のうち、前にあるものは判事・書記官用という暗黙の了解がある。検事、弁護士、当事者は後方の扉から入室して、傍聴席を通って定位置につく。法廷内のおおまかな配置は、多くの国でみられるものと変わらない。民事事件であれば、判事席の手前、向かって左側に原告側、右

側に被告側が着席する。刑事事件であれば、左側は検事の席である。判事の正面のベンチには、被告・証人が座る。

　このように厳格な雰囲気を持つ法廷であるが、審理の進行については開放的な側面もある。法廷の扉および窓は、離婚裁判や暴行事件などの例外を除いて、通常開け放たれている。当事者のプライバシー保護という観点からみれば問題があるようだが、道路側・廊下側の両方に窓が広くとってあるため、通りすがりに中の様子をうかがったり、写真撮影・録音をしたりすることもできる。広く関心を集めるような事件については、テレビのニュース番組が審理の映像を放送し、新聞は審理中の被告の写真を掲載する。

　つぎに、こうした環境のなかでどのように裁判が進むのかを見ていこう。まず次節で裁判所の業務を概観し、第4節では、具体的な事例を通じて裁判の展開を記述する。そこではフクムとアダットはどのように現れてくるのだろうか。

3　地方裁判所の業務とその特徴

　審理が行われるのは月曜日から木曜日までであるが、この四日間、裁判所には多くの人々がやってくる。午前8時前後から職員が出勤し始めると、徐々に人が増え、10時をまわるころには勾留中の被告を乗せた護送車が、サイレンを鳴らして到着する。車から降りた被告は勾留室に通され、家族とおぼしき女性や子供など被告の関係者は、あいだをへだてる柵の前に人だかりを作って審理の開始を待つ（**写真 4-8**）。

　裁判所の裏手にある勾留室付近だけでなく、正面のロビーや、廊下に設けられた待合スペースに設置してあるベンチも、ほぼ満席になる。裁判の開始を待つ弁護士など関係者のほかに、ニュースの素材を探す記者たちもいて、廊下のあちこちで、挨拶をかわしたり、立ち話をしたりする。人が集まるところをねらって、タバコ、飲料水、スナック菓子などを入れた箱

写真 4-8：裁判所に集まる人々

を首にかけた物売りも現れる。

　今日の審理のためにやってきた人々は、まず書記官からの連絡を待つことになる。そうした連絡にはおもに携帯電話を使うため、人々は周囲の雑音にかき消されないよう、声を張り上げて打ちあわせをしている。次回の審理は一週間後、あるいは二週間後との申しあわせがあるものの、日程は証人の都合が悪い、あるいは書類がそろわないなど、様々な理由によって随時変更になるからである。また、開始時間もはっきりと決まっていない。そうした連絡はすべて、書記官との通話を通じて調整されている。

　厚めの紙でできたファイルを脇に抱えた書記官は、関係者と携帯電話で連絡をとりあい、準備が整った時点で居室にいる判事を呼びに行く。しばらくすると、判事がそれぞれの居室から出て、法廷へと移動していくのが見える。午前の審理が始まるのだ。

　一度審理が始まると、判事たちは事件を次々に処理していく。当事者がそろわず間があくと、判事は居室に戻る。原則として三人の判事がひとつの案件を担当するので、判事がそろうのを待つ時間がかかることもある。

民事・刑事を問わず、書面のやりとりについてはさほど時間はかからず、数分で終わる場合も多い。判決についても、主要部分を読み上げるだけなので、それほどかからない。これら形式の定まった手続に対して、より長い時間を要するのは、証言である。したがって、一日の審理の進め方のひとつのパターンは、朝一番、あるいは昼食休憩の直後に証言があり、そのあとに続いて、次々に書類のやりとりや読み上げを行なうというものである。

　判事によって差はあるが、それぞれのタイミングでとる昼食の時間をはさんで、午後3時ごろにはすべて終了となる。事務作業にあたる職員の勤務時間は5時までと決まっているが、にぎやかだった廊下は午後4時ごろには閑散とする。

　以上述べてきたような、裁判所の業務の様子は、司法制度の構造や統計資料からはみえてこないものである。地方裁判所は人々の日常生活の一部、とまではいえないとしても、決して隔絶した存在ではない。さらに業務における特徴的な点として、傍聴席の様子と携帯電話の利用についてみてみよう。

傍聴席の様子
　まず、裁判中の傍聴については、メダン地裁には、いわゆる裁判の「傍聴」に関する手続きは整備されていない。「傍聴」にあたる言葉は「裁判を見る（*lihat sidang*）」という日常的な言葉である。関係者ではない、という意味で、「裁判を見る」ために裁判所を訪れるのは、講義の一環としてやってくる法学部の学生か、新聞記者だろう。しかし、傍聴者がいないのであれば、傍聴席はがらがらかと思えば、そうではない。

　傍聴席は簡素なつくりで、3人ほどが座れる木のベンチがいくつも並んでいる。天井では備え付けのファンが回転していて、停電でなければ、ぬるい風を法廷内に送っている。開け放たれた窓からは、周囲の喧騒がそのまま聞こえてくる。法廷の内部も廊下と変わらず、いつもにぎわっている。

彼らはベンチに陣取って、携帯電話の着信音とともに入退出を繰り返し、法廷の後ろからは判事の声が聞き取りにくいほどだ。

　2005年6月、メダン市の市長選挙が行われたさいには、選挙活動によって審理の進行が困難になったことさえあった。二組の候補者が、平日の午後にそれぞれ一日ずつ、合計二日間にわたって、裁判所の正面にある独立広場で、支持をよびかけるコンサートを開いたのである。空調のない法廷では、窓を閉めることもためらわれる。建物の壁が音をたてて振動するほどの大音量に、審理を延期して早々に帰宅した判事もいた。

　傍聴席に座っている「傍聴人」には、現在進行中の裁判の行方を見守っているのではなく、ただ順番待ちをしている人々がふくまれる。多くの場合、傍聴席と訴訟当事者のあいだには仕切りがない。いくつかの大きな法廷には柵があるが、簡単に動かすことができるようになっている。その日召還されている案件の関係者、弁護士、検事、原告、被告、証人もふくめて、全員が傍聴席に座り、自分の順番が来ると席を移る。オレンジのベストを着た、勾留中の被告の隣に座って傍聴するのは、少なからず緊張する経験である。

　またたとえば、大規模な汚職事件や殺人事件といった、人々の関心を集めるような事件の審理のさいには、法廷の周囲に文字通り黒山の人だかりができる。廊下側の開いている窓から野次馬がのぞきこみ、記者らしき人はフラッシュをたいて写真を撮影し、ビデオカメラをまわすものもいる。当事者と相対する場として判事に用意されている法廷は、雑音から離れた静寂な環境であることを目指してはいない。

　2006年2月には、メダンの近郊のスタバット地方裁判所で、ある刑事事件が全国的に話題を集めたことがあった。新聞に掲載された写真は、法廷の壇上、判事の背後から撮影されたもので、傍聴席のベンチを取り払ったところに、立ち見の傍聴人が足の踏み場もないほどに集まっている様子が映っている。

携帯電話の利用

　もうひとつの特徴として、傍聴席でも着信音を響かせている、携帯電話の利用について指摘したい。訴訟が進行しているあいだ、弁護士、当事者は主に書記官と、携帯電話で頻繁に連絡を取りあう。廊下で、法廷で、会話の途中で、胸ポケットやベルトにつけたケースから携帯電話が取り出される光景はよく見られるものだ。

　すでにふれたとおり、次回の裁判の期日については、原則として次週の同じ曜日を指定して、具体的な日程を、書記官との電話のやりとりによってそのつど確認することになる。書記官が関係者とやりとりをするのは、業務の一部となっている。

　判事がどのように対応するかは、個人の裁量にまかされているが、それは当事者が書記官と話しあう、という前提のうえに成り立っている。関係者とは直接話さない、という方針を維持しているある判事は、居室まで訪ねてくる当事者に対して、「書記官を通してください」と答えるのを常としていた。

　書記官との連絡手段に携帯電話を選択することの背景には、まずはインフラの問題がある。経費の問題から、内線電話を増やしていく動きはなく、そもそもメダンでは、電力の供給に問題があり、調査時には停電が起きていた。週に数回程度、多いときはほぼ毎日、いちど電気が消えると、短くて30分、長ければ数時間、いつ復旧するかは電力会社に問いあわせてもわからない。多くの事件を処理する必要のある刑事部では、停電しても業務に支障が出ないタイプライターが今でも活躍している。

　こうした状況のもとでは、携帯電話で連絡を取りあうことは、メリットの大きいこととなっている。司法改革の課題のひとつとして「地裁における紛争処理の滞り」が指摘されているが、近年、判決までの期間は短くなっている。この変化には、携帯によるやりとりで、急な予定変更に柔軟に対応していることも一役買っているだろう。

4 夫婦間の名誉毀損事件

窃盗、麻薬、離婚といった、ルーティンとして流れていく事件も件数としては多いが、他方で、当事者の積極的な働きかけによって紛争が裁判に持ち込まれ、判事を悩ませる事例もある。次に取りあげるのは、離婚手続き中の妻が夫に対して提起した名誉毀損の事件である。この夫婦はバタック人[3]のクリスチャンで、正式な離婚の手続きに必要な民事訴訟と並行して、この刑事訴訟を進めていたのだった。争点になったのは名誉を毀損するような発言の有無だったが、判決においては、時効が成立しているとして被告は無罪となった。この事件は、比較的機械的に処理されている麻薬や窃盗といった案件とは異なり、地裁の人々にとっても少々変わった事件とみなされ、表面的には整合性のなさばかりが目立っていた。

事件の概要

判事への聞き取りおよび2006年1月26日付の判決文によれば、事件の経過は以下のようなものである。2003年1月4日、夫である被告は数人の友人とともに、妻である被害者の持ちものを実家に送り届けた。門をたたく音に気がついて、被害者が門を開けようとすると、被告たちは被害者の本や衣服、コンピューターなどを車から降ろしているところだった。被害者はそれを見て、親族に電話をかけた。まもなく被害者の親族が三人やってきて、「どうしたのか、どうして荷物を持ってきたのか」とたずねた。すると被告は、「離婚だ、処女でなかったから。あいつは娼婦だ」と答えた。被害者の親族が「両親を呼びなさい」と言うと、被告は自身の家族に連絡をとって、その後帰宅した。

検察側はこの被告（夫）の行為を、刑法310条第1項が定める名誉毀損罪（*merusak kehormatan*）にあたるとして、被告に8か月の懲役と訴訟

3　夫妻が属する民族集団。第3章を参照。

費用 1000 ルピアの負担を求めた。他方で弁護側は、被告は無罪であるとして争った。弁護側によれば、名誉棄損罪は、被害者が告訴しなければ処罰されない罪であるにもかかわらず、検察側の求刑は、妻の告訴に基づいていないため、被告は無罪である、という。さらに弁護側は、刑法 74 条第 1 項によれば、この事件についてはすでに時効が成立しているので、被告の罪を問うことはできない、とも主張した。

証人尋問、被告尋問、証拠調べといった所定の手続きを経て判事が下した判決は、弁護側の主張を全面的に認めて、被告を無罪とするものだった。18 ページにおよぶこの判決は、どのように導き出されたのだろうか。

判決はまず事実関係を確認している。証言によれば、2003 年 1 月 4 日に先述のようなやりとりがあり、その数日前の 1 月 1 日には、被告の両親の家でも同様の発言があった。その後、親族間での和解の試みは失敗し、10 月 31 日に警察に通報した。この通報は、1 月 1 日の被告の両親の家での発言についてのみ行われた。被告が起訴されたのは、この 10 月 31 日の通報に基づいている。被害届はさらにその一年後の 2004 年 11 月 1 日付で、2005 年 3 月 16 日にはさらに口頭で申し立てがあった。物的証拠として提出された被害者による被害届は三通あったが、そのいずれもが、当初の起訴状にある 1 月 1 日の事件については言及していない。

このような「法的事実」を考慮した結果、判事が下した判決は、訴訟の手続き的側面を重視するものであった。つまり、問題となった「侮辱的」発言の有無についての事実関係はいっさい問わず、名誉毀損罪についての刑法の規定、および、起訴状と被害者の出した被害届の対応という技術的な点を判断の根拠として、時効を認めたのである。

判決の要点だけをみると、異なる解釈の入りこむ余地はなかったようにもみえる。しかし、最終的に事件のどのような部分を重視するかは、単純に決まったことではなく、証人尋問は 2 時間ほどかけて行われた。起訴状と被害届の整合性だけを問題にするならば、証言の内容について考慮する必要はない。しかし、法廷において筆者が傍聴したさいのやりとり、お

よび判事からの聞き取りによって得られた情報からは、判決文には表れていない、判決に至るまでの経過を観察することができた。次に、2005年6月2日の証人尋問、および被告人に対する質問の様子について記述する。

法廷でのやりとり

　証人尋問が行われるさいには、まず中央に座った主席の判事が、証人の健康状態、氏名を確認したのち、どの宗教を信仰しているかについて尋ねる。返答があってから、それぞれに対応した文句と所作をもちいて宣誓がなされる。宣誓は判事に続いて復唱する形式をとり、原則として、イスラームの宣誓はムスリムの判事、キリスト教式の宣誓はキリスト教徒の判事が行っている。

　証人が複数いた場合は、全員が宣誓をすませてから、最初に指名された者だけが判事の正面にある木製の椅子に座る。他の証人は法廷の外へ出て、廊下のベンチで待つように指示される。これに関しては、お互いの証言を聞くことが内容に影響することを防ぐため、という説明がなされていたが、次の証人を呼ぶ声は廊下まで聞こえているので、実質的にはさほど意味をなしていない。尋問は、判事主導で行われる。主席の判事が一通りの質問を終えたのち、二人の副判事に何か質問がないか尋ねる。その後、検事に発言の機会が与えられるが、特に質問は出ない場合が多い。

　今回の事件においては、証言はおもに夫婦間の問題、および夫が侮辱的な発言をしたのかどうか、について行われたが、証人の主張は完全にくいちがったままであった。検察側の三人の証人は、確かに言った、と主張し、他方で被告は、そんなことは言っていない、と繰り返すばかりだった。

　一人目の証人となった妻は次のように証言している。夫とは2002年2月に結婚したが、現在離婚の手続き中である。結婚後、大学院に進学したいという希望を夫に伝えて、メダン市内の夫の両親の家に住みながら通学した。夫はその間、スマトラ島の南部にある農園に単身赴任していた。2002年11月ごろ夫に会ったさいに、妻は農園の近くで同居するこ

とを提案したが断られ、夫からは離婚の意思表示があった。同じく12月29日には、夫は実家に自分の所持品を送り返すつもりだと言った、という。そして2003年1月1日、妻が夫の両親の家を訪ねたところ、すでに妻の荷物はなかった。そこで夫に連絡して理由をたずねると、「結婚したときにはもう処女でなかった。娼婦だったのだから離婚するのだ」との返事だった。1月4日、妻が実家にいたところ、門をたたく音がした。外に出ると、夫と友人たちが荷物を降ろしていたので、妻は両親や親戚に知らせた。親戚が、なぜ荷物を持ってきたのかと夫に聞くと、夫は「離婚するんだ、処女でなかったから、あいつは娼婦だ」と言った。妻によれば、その後、親族を交えて話し合いを試みたが、失敗に終わった、という。

　妻のほかに、二人の親族が検察側の証人となった。二人目の証人は、夫の両親から聞いた話として、結婚したときに妻は処女でなかったと夫が言っていたこと、および、自分は夫婦関係に問題があったことについて知っていた、と述べた。三人目の証人は、1月4日、妻に電話で呼ばれて出向いたので、事件を目撃していた。証人が妻の家に到着したとき、夫は妻の荷物を降ろしていて、証人が問いただすと、「離婚するんだ、処女でなかったから、あいつは娼婦だ」と言った。その答えを聞いて証人は感情的になり、ちょっとした騒ぎになった、という。

　以上のような証言に加えて、被害者である妻によるメダン市警察宛の被害届3通が物的証拠として提出された。被害届の日付はそれぞれ2003年1月、3月7日、10月1日付のものであった。

　被告に対する質問は、日をあらためて、一時間弱かけて行われた。被告は「証人の言ったことは嘘だ」と強く主張し、ほかの証人が繰り返し言及したような「侮辱的」発言をしたことを、全面的に否定した。だが、主席判事は証言の信憑性を問題にすることはなく、終始、「牧師には相談しなかったのですか」というような、夫婦問題に関する助言を与えたが、夫妻の態度が軟化することはなかった。

　夫は、夫婦仲が良くなかったことについては認め、妻は夫のことを尊重

せず、農園で暮らすのを嫌がって、会いに来てもいつも一人でホテルに泊まっていた、とこれまでの経緯を説明した。しかし夫は、自分は妻の態度を理解しようとつとめた、と強調し、それでもうまくいかなかったために、妻は夫と別居してメダンで大学院に通っていた、と述べた。これを聞いた主席判事は夫に、「この人（筆者註：副判事の一人）はオーストラリアに二年住んでいて、その間夫はジャカルタにいたんです。あなたは、奥さんがいい学校に行っているのが嫌だったんですか。カルティニ[4]が聞いたら泣きますよ」と語りかけ、「荷物を送り返したということですが、バタックの人たちはそうするのですか」とたずねた。これに対して夫の返答は、「『処女でなかった』などとは言っていないし、荷物を運んだのは妻がそうしてくれと頼んだからで、一方的に送り返したのではない」というものだった。当初、妻は夫の両親と一緒に住んでいたが、結局実家に戻ってしまい、荷物も実家に送り返すようにと指示されたのだ、という。

このようなやりとりを聞いていた傍聴席からは「嘘だ」といった声があがり、判事はそれに対して「私語をするかたは外へ出てください」と注意した。さらに主席判事は傍聴席に座っていた妻のほうを向いて、「これからどうなるか考えてみてください。ずっと相手を訴え続けたら、7年も10年もかかります。終わりませんよ」と諭したが、妻からの返答はなかった。

主席判事に続いて被告への質問を引き継いだ二人目の判事は、夫婦関係の検察側の証人の発言を取りあげて、侮辱的発言があったのかなかったのか、を夫に問いただしたが、被告は「証人は嘘をついています、あんなことは言っていません」と何度も繰り返すばかりだった。

以上のような被告人に対する質問が終わったあと、二週間後に検察側か

4　カルティニ（Raden Ayu Kartini、1879-1904）は、インドネシアにおける民族運動の英雄であり、彼女の思想がのちに国内の女性の地位向上に影響を与えたといわれる［土屋 1991］。

らの求刑の期日が設定された。被告人を無罪とする判決は、以上のような手続を経て下ったのである。夫婦のあいだの多分に感情的なやりとりが法廷に持ち込まれ、終始平行線をたどったことそのものは、ここではさほど重要ではない。ここで注目したいのは、婚姻関係という、従来アダットとの関係が議論されてきた問題について、当事者である妻が、自ら名誉毀損というフクムの概念を持ち出してきていることである。

　こうした妻の選択に対して判事は、これは親族間の話し合いによって、あるいはバタックのアダットによって解決するように、といって訴えを退けるということはしなかった。夫妻の名前からはバタック人であることがすぐに推測できるのだが、法廷において判事は、そのことに軽くふれただけだった。しかし、証人および被告に対する尋問の過程で話題になったことと、判決の中に記されている法的な説明との関係をみてみると、尋問の過程で言及されたのは、必ずしも法的な事実ばかりではない。たとえば、判決が下ったあと主席判事は、「妻は夫を刑務所にいれたいようだけれど、それは適切ではない。刑法を適用すれば刑務所に入れることもできるけれど、あれは妻にも問題がある。夫がかわいそうだ。だから時効を採用した」と語った（2006.1.25）。

　判決文には現れてこないが、法廷での証言や傍聴のさいの態度など、判決にはさまざまな要素が影響している。そして判事は、バタックのアダットについて冗談めかした言及をしながらも、その内容について具体的に踏み込むことはしない。最終的に問題になるのはあくまでも、どの法律を根拠として判決を組み立てるか、ということなのである。裁判の過程で裁判官に与える心証が重要である、という指摘は目新しいことではないが、前述したK. フォン・ベンダ＝ベックマンによれば、1970年代前半の西スマトラ州の地方裁判所の資料には、提起された民事訴訟の86パーセントが、判事がフクムではなくアダットを適用することで処理されていたという記録が残っていることと照らし合わせると、メダン地方裁判所の現在の状況は、大きく異なっていることが指摘できる［Benda-Beckmann, K. von 1984:

21]。

　では、メダン地裁におけるこの事例で、アダットが援用されないのはなぜなのだろうか。次節では、判事の勤務形態と、裁判所のありかたを取りあげて、この問いについて考えたい。

5　可視化されないアダットと、閉ざされた空間のない裁判所

　裁判所に勤務する人々は、所長を頂点としたヒエラルキーを構成していて、判事たちは、判決を下す主体として、裁判所において最も目立つ存在である。判事は、公務員としては、裁判所に勤務する人々の中で最も高い地位にあり、ジャカルタや海外で行なわれる研修・セミナーに参加する機会もある。法学部を卒業していることは必要条件で、昇進するためには修士号や博士号があるとさらに有利になる。そのため、勤務のかたわら赴任地の大学院に在籍して修士号・博士号を取得したり、休職して海外の大学に留学したりする人もいる。国際機関からの援助も、判事に対する研修には最も力を入れている［香川・金子 2007: 144］。

　その一方で判事には、否定的なステレオタイプがつきまとう。専門知識を身につけたエリートである彼らは、裁判所に向かう批判の矢面にも立たざるをえない。インドネシア司法の機能不全が問題になると、その批判はまず判事に向かい、諸悪の根源は判事であるという論調も珍しくない。裁判所の外で、インドネシアの司法が話題になると「判事というのは何の略か知っているか」と聞かれることがある。答えは、インドネシア語で*hubungi aku kalau ingin menang*、「勝ちたかったら連絡を」。それぞれの単語の頭文字をとるとh・a・k・i・m、判事という言葉になるだろう、判事とはそういうものなんだ、という、インドネシアで好んで作られるごろあわせのひとつである。

　このように、さまざまに語られる判事たちだが、以下では、判決文を実際に書き、その方向性を定めている彼らが、アダットをどのようにとらえ

ているのか、ということに注目してみたい。

　まず、判事の勤務形態についてみてみよう。2004年4月1日から、すべての裁判所が最高裁判所の管轄になり[5]、判事の養成、任命は最高裁判所が行っている。採用試験に合格した者は、ジャカルタで半年間の研修を受ける。そののち、比較的規模の小さい、事件数の少ない地方裁判所に判事補として配属され、三年ほど過ごす。その後、正式に判事として認定されると、定年を迎えるまで、全国の地方裁判所で勤務にあたる。個人差はあるものの、短ければ二年、長くても五年ほどの周期で配置換えが行われる。キャリアを積むうちに、副所長、所長といった要職につくことになるが、このような判事の勤務形態からは、ある特定の地域におけるアダットについて知識を蓄積することは難しく、また、制度的にも求められていないといえるだろう。

　メダン地裁にも、このように全国各地の裁判所での勤務を終えた判事たちが集まっているが、判事たちの出身地もまた、全国各地に散らばっている。赴任地の決定にあたっては、出身地や民族集団が考慮されることはない、という。彼らのアダットに対する一致した見解は、裁判所では国家法を適用するので、もうアダットは使わない、もしアダットのことを知りたいのであれば、村に行ったほうがいいだろう、というものだった。人によっては、赴任地が同じ地域に集中している判事もいるのだが、それはアダットとは関係なく、特に女性判事の場合、家族と離れて住むことを避けるための配慮なのだという。

　判事は出勤すると、書記官からの連絡を受けるまで、それぞれの部屋で

---

[5] 　インドネシアにおいて、地方裁判所をふくむ通常裁判所は、2003年までは法務人権省の下部組織であった。したがって、法務人権省が判事の養成および任命にあたっていた。しかし、法務人権省が判事の人事権を持っていることは、ポスト・スハルト期の司法改革のなかで、行政による司法への介入を認めるものとして問題視される。これをうけて、司法権独立の達成を目的として、「司法権に関する法」（2004年第4号法律）が成立した。

待機していて、勤務時間のあいだは、法廷と、割り当てられた居室を行き来しながら過ごす。通常は、判事三人につきひとつの部屋が与えられ、個室を持っているのは所長および副所長に限られる。室内の設備は簡素なものだ。木製の机と、背もたれのついた椅子、裁判中に着用する法服などをかけておく木製のクローゼットが、人数分用意されている。それから、打ち合わせに来る書記官および来客用のパイプ椅子が数脚ある。スペースが許せば、応接セット、本棚、飲料水のディスペンサーなどが置かれる。

応接セットや折りたたみ椅子に腰かけるのは、判事室に出入りする不特定多数の人々である。最も頻繁に行き来するのは書記官であるが、そのほかにも弁護士や訴訟当事者など、いろいろな人がやってくる。出入り口の横にはプラスチック製の名札がかけてあり、すぐ外の廊下を代理人などの訴訟関係者も利用する。判事の名前さえ知っていれば、容易に判事を訪ねることができるのだ。「関係者以外立ち入り禁止」といったような制限は、構内には設けられていない。

判事は、パソコンのワープロソフトを使って裁判資料を作成するのだが、判事の居室にパソコンは設置されておらず、自前のノート型パソコンを持ちこむものもわずかだ。これには前述した停電に加えて、防犯上の問題も影響している。判事の居室のなかには、扉にカギがついている部屋もあるが、施錠できない扉も多い。カギがかかるか、つねに誰かが監視している場所でなければ、パソコンなどの電子機器を置いておくわけにはいかない。

たとえば、ボールペン、時計、ベルトなどの雑貨を持った物売りが入ってきたり、イスラームのスカーフを着けた幼い兄妹が、信仰心に訴えて小銭をねだりに来たりもする。彼らは軽く断られると出て行くが、判事たちが警戒するのは「ジャーナリスト」を自称する人々である。彼らは規模の小さい新聞や雑誌を発行していて、取材と称して定期購読をすすめ、断っても、席を外しているうちにいつのまにか一部置いていってしまったりするために、歓迎されない。異動を数日後に控えた判事に面会を求め、用件があるふうでもなく、1時間ほど世間話をして帰っていった2人の女性

も「ジャーナリスト」であった。このようなふるまいは、判事の側からは「小遣いをもらいに来た」と理解され、おたがいの根競べになる。

　このように居室にさまざまな人が出入りするような状況に、不満を抱く判事もいる。ある判事は、同じく判事であったという自身の母親について言及しながら、「私は扉にはいつも鍵をかけることにしています。母の時代であれば、判事はいつも銃を持っていたものです。話をしたがる弁護士や職員がいたからです」（2005.6.2）と語った。しかし、審理以外での当事者との接触を拒む彼女のような対応は、周囲からみれば「厳しすぎる」ものだった。多くの判事たちは、たとえ少々素性の疑わしい「ジャーナリスト」であっても、「逆うらみされて悪い記事を書かれても困るから」、あるいは、「一般の人たちが今は力を持っているから」といった理由づけのもとに、居室に迎え入れていた。

　このように判事の居室は、閉ざされた事務作業の場所ではなく、訴訟関係者の一部にとっては開かれた場所であり、紛争処理過程の一翼となっている。また、判事たちは、それぞれ個別に事件と向かい合っているわけではなく、裁判所外部をふくめた周囲からの視線にさらされている。メダン地裁の判事はこのように、法廷の外での訴訟当事者との接触をふくめ、常に裁判所の外部からの視線を意識しながら業務を行っているのである。

　本章では、まず前半でメダン地裁に勤務する人々と、彼らの日常的な業務における特徴および実際の活動について観察し、そのうえで、後半ではある訴訟を取りあげて、訴訟の経過がどのようなものだったのかを明らかにした。

　これまでインドネシアの法についてはおもに、フクムが定める内容と、アダットにもとづく了解とが対立する場面を通じて理解が試みられてきた。しかし、本章の後半で記述したような裁判の様子からは、フクムとアダットの対立や矛盾が問題として現れていないことがわかる。毎日の業務のなかではむしろ、フクムをどのように解釈・適用するかが問われているし、

前半部で扱ったような、フクムとアダットのどちらとも名指されない領域もまた、大きな役割を果たしている。

　本章で明らかにしたように、地方裁判所でアダットが可視化されないのに対して、アダットを再評価する動きは、むしろ国際的な法整備支援の枠組みで生じている。次章ではこのアダットに対する姿勢の違いに注目して、ポスト・スハルト期におけるADR論の展開と、それに対する地方裁判所レベルでの反応について議論する。

| 第 5 章 |

ＡＤＲ（裁判外紛争処理）の受容と
地方裁判所での反応

本章では、法学の理論や司法政策の世界的な潮流なども視野に入れて、フクムとアダットの関係が問われている局面について検討したい。前章で描いた地方裁判所での紛争処理では、アダットが正面から問題になる場面はなかったのだが、第2章で概観したように、アダットについての議論は現在でも続いている。

　1998年以降、ポスト・スハルト期のインドネシアにおいて、各地で進行するアダット復興運動が注目を集めていることについては、第2章ですでに述べたとおりである。慣習的な行政区分の復活、あるいは民族集団間の紛争といった様々な事例を通じてこれまでの議論が明らかにしたのは、スハルト大統領下で脱政治化されたアダットが、国内各地で復活を遂げ、時に中央に対抗するためのよりどころとなっている状況であった。現在、アダットを取り巻くこうした状況が何を意味するのかを検討することは、インドネシア国内で進む地方政治の勢力図の変化や、武力衝突といった問題に対する理解を深めるために重要となる。

　ただし他方で、これまでのポスト・スハルト期のアダットをめぐる議論に共通する傾向として、バリ、スラウェシ、カリマンタンなど、インドネシア国内でもアダットが比較的色濃く残っているといわれる地域の事例を扱っており、さらにそこでは民族集団がアダットの所有主体として前提されていることが指摘できる。たとえばデイヴィドソンとヘンリーは、カリマンタンにおける民族集団間の武力紛争が先鋭化した背景に、ダヤクのアダットを動員することで、ダヤクのアダットに従う「ダヤク人」と、従わない「マドゥラ人」とを区別し、「外」の人々として排斥する動きが強まったことがあると論じている [Davidson and Henley 2007]。もちろんこの場合、具体的に誰がダヤクのアダットに従うのか、あるいは、ダヤクのアダットがどのようなものなのか、は自明のものではない。ただいずれにせよダヤクの場合、それぞれの民族集団が持つアダットの境界、およびその内容に対する関心が、調査者および当事者に共有されているといえるだろう。

こうした既存のアダット復興の分析枠組みを受け入れるならば、メダンやジャカルタといったある程度の規模をもつ都市における状況を扱うことは難しくなってしまう。なぜならこうした都市では、様々な民族集団を出自とする人々が共在し、混じりあって暮らしているため、アダットの境界および内容は不明瞭にならざるをえないからである。しかしだからといって都市においてアダットが全く意味をもたなくなっているというわけではない。本書が注目するのは、都市において、一般にアダット復興で論じられるのとは異なる形で、アダットに光があたっている、ということだ。メダンにおけるアダットもまた、ポスト・スハルト期にその位置づけを変えつつあるのである。

　本章の論点を先取りしていえば、従来の議論が、フクムに対抗するものとしての「下から」のアダット復興を扱っていたとすれば、メダンでは、司法政策、つまりフクムの側がアダットを、いわば「上から」再評価しているのを見て取ることができる。以下では、民事訴訟法学の概念であるADR（Alternative Dispute Resolution、裁判外紛争処理）に注目して、メダンにおけるフクムとアダットの結節点について論じていく。

　紛争を解決するための手法として、一般的に思い浮かべるのは裁判を起こして判決を得ることだろうが、ADRとは、民事紛争を解決するための、裁判官による判決以外の手法、たとえば調停、仲裁[1]、交渉などを総称する用語として登場した。これまでの司法政策が利用しやすい司法の実現を目指してきたなかで、とくに1990年以降、ADRの重要性についての議論がアメリカ合衆国を中心に盛んになり、批判を受けながらも、現在では世界に広がっている。ADR論の要点は、これまでの民事訴訟法学が、誰もが裁判所に訴えを起こせる社会を目指してきたなかで、紛争の性質によっ

---

[1]　仲裁には、当事者が仲裁人の判断を受け入れるという契約（仲裁契約）を事前にかわすという特徴がある。たとえば調停の場合、調停者の意見には拘束力がないのに対して、仲裁人の判断には当事者は従わなければならない。

ては、必ずしも裁判は適切でないのではないか、という問いを提起したことにある。

　そしてADRが世界的に展開していくにしたがって、これまでの法理論・法実務が、司法制度が未発達な状況下における望ましくない選択肢としてとらえてきた、伝統的な紛争処理組織あるいは慣習法との関係が議論されるようになった。そのなかにはインドネシアもふくまれている。ADRの受容と展開について分析することは、フクムとアダットをとりまく現状を明らかにすることになるだろう。

　メダンの特徴は、第3章で述べたような人口の多さと民族的背景の多様性であり、これまでアダット復興の議論が想定してきた、ある特定の民族集団の影響力が強い事例とは大きく異なる。具体的には、アダットの意義についての意見、そして民事訴訟法上の新しい議論であるADRに対する見方が、司法政策、地方裁判所、紛争当事者という三つの立場において、どのように重なりあい、またどのように異なっているのかを明らかにしていく。まずは、現在インドネシアにおいて、アダットがどのような場面で論じられているのか、についてみてみよう。

1　フクムとアダットの風景

ある国際シンポジウム

　はじめに取りあげるのは、国際的な学術会議である。2005年7月12日から15日にかけて、学術雑誌『インドネシア人類学（*Antropologi Indonesia*）』が主催する、第4回国際シンポジウム "Indonesia in the Changing Global Context: Building Cooperation and Partnership?" が開催された。この学術雑誌は、国立インドネシア大学社会政治学部の文化人類学研究室が発行しているものである。インドネシア大学は、国内における文化人類学の研究拠点のひとつで、研究者の国際的ネットワークの結節点にもなっている。その意味で、この国際シンポジウムは、インドネシア

の現状をめぐって展開されている学術的議論の、おおまかな見取り図を提供するものと考えることができるだろう。

　この年の会場はインドネシア大学で、ジャカルタ郊外に位置する会場には、インドネシア国内各地からはもちろん、アメリカ、オーストラリア、日本などから多数の参加者が集まった。さまざまな問題領域を対象とする22の分科会が設置され、4日にわたる会期中、100人以上が口頭発表を行った。発表および質疑応答は英語またはインドネシア語で行われ、休憩時間中もふくめて活発なやりとりが続いた。

　とはいえ、プログラムを片手に教室から教室へと参加者が移動するなかで、分科会によって人の集まりにばらつきは出てくる。たとえば日本やオーストラリアの研究者が組織したローカル・ポリティクスについての分科会は、数十人の聴衆で会場がほぼ埋まっていたのに比べて、インドネシアにおける法多元主義にテーマを設定した分科会 "Legal Pluralism in the Changing Global Context and How It is Defined for Indonesia"（「変わりゆくグローバルな文脈における法多元主義と、インドネシアにとってのその意味付け」）の参加者は10人足らずだった。法よりも政治というテーマにより関心が集まる、というこの状況は、政治を分析することはすなわち法を分析することにもなる、という、スハルト体制期から広く共有されているインドネシア法に対する位置づけを反映したものといえるかもしれない。

　しかし、この分科には、フクムへの期待とアダットの再評価という、ポスト・スハルト体制期の変化の萌芽も現れていた。コーディネーターを務めていたのは、法人類学者であるスリスティオワティ・イリアント (Sulistyowati Irianto) だった。彼女は、これまで法多元主義が前提としてきたような国家法・慣習法の境界が現在では不明瞭になっていることを指摘して、この分科会は法多元主義を再定義する試みであると語った。分科会の紹介文によれば、新しい法多元主義のもとでは、国際法・国家法・地域法が相互に浸透しあっている、という。スリスティオワティが想定して

いる多元的な法体制は、国家法・慣習法・宗教法といった区別ではなく、国境を越えてやってきた「人権」をはじめとするさまざまな概念がインドネシア国内で流通することによって、国家法すなわちフクム、そして地域法すなわちアダットに影響を与える、という状況である。この新しい法多元主義の布置が現れている事例として分科会で彼女がとりあげたのは、資源管理、地方分権、土地問題、アダット復興、ジェンダーの5つであった。

　分科会では6人の発表者が、離婚訴訟、あるいは村落における女性の権利、あるいは共有地の資源管理の問題について国内の事例を個別に報告し、その後、全体討論が行われた。くりかえし問題になったのは、人権やジェンダーといった、スリスティオワティによれば「国際法の概念」がフクムに取り入れられている現在、アダットが果たしていくべき役割は何かということであった。たとえば、女性の権利という概念が導入されることで、男性優位の傾向をもつ「アダットに基づくコミュニティ」にどのような影響があるのか、女性の権利概念と矛盾するようなアダットに基づくコミュニティを保護するべきか、改革するべきか、というところで参加者の意見は割れた。最終的には、人権概念は西洋だけのものではないし、私たちはインドネシア性を共有するべきだ、というような、折衷的な視点をコーディネーターが提示して、議論はひと段落した。

　こうした議論の背景には、スハルト体制崩壊後に進行している法制度面の改革によって、新しい概念が流入し、新しい法律が次々に制定されていることがある。では次に、メダンに舞台を移して、地元の国立大学法学部の大学院における議論の様子を紹介しよう。

法学部大学院のリサーチ・コロキアム

　北スマトラ大学（Universitas Sumatera Utara）は、メダン市内にある国立大学である（**写真5-1**）。2004年12月4日には、この北スマトラ大学の法学系大学院の建物の一室で、修士の学生がリサーチ・コロキアム、調査計画のプレゼンテーションを行っていた。これは、修士論文を書く前に義

写真 5-1：北スマトラ大学法学部

務づけられている手続きで、学生は一定の書式にしたがって資料を作成し、問題設定、調査方法についての口頭発表を行う。

　北スマトラ大学の法学系大学院に在籍する学生の年齢層は、30代から40代であり、その多くが、ある程度職場で経験を積んだ現職の公務員である。博士課程への進学は少ないが、公的機関で管理職の地位につくさいに修士号が評価されるため、彼らは仕事と並行して、大学院での研究を行うのである。

　修士論文のリサーチ・コロキアムも、学生の研究状況に合わせて不定期に行われているが、この日の調査の題目は「裁判所外における土地紛争の処理——トバ・サモシール県ポルセア郡のバタック・トバ社会を対象として」というもので、北スマトラ州内陸部に住むバタック人のうち、特にトバ・バタックと呼ばれる民族集団で、土地に関する紛争を、裁判所の外でどのように解決するのか、を問うものであった。

　当日発表者は、先行文献のレビュー、および調査の手法、つまり執筆中の修士論文の冒頭から3分の1ほどにあたる文章を資料として配る。発

表者は資料のほかに、軽食とミネラルウォーターの入った小さな箱も用意するのが慣例となっていて、審査する教員、それから大学院の他の学生たちが十数名、揚げ菓子をつまみながら、OHP を使った発表を聞いていた。

　北スマトラ大学には、小都市、あるいは村落部におもむいて、アダットに基づく紛争処理について現地調査を行う学生が多くいる。学生たちは、自分の出身地に戻ったり、親族をたずねたりして、法人類学者が行ってきたような、紛争処理過程の記述をするのである。この背景にあるのが、ADR（Alternative Dispute Resolution、裁判外紛争処理）である。

　ADR については次節で改めて記述するが、北スマトラ大学法学部の教員であるルントゥン（Runtung）は、ADR とアダットの連続性について議論をしており、学生たちの調査の理論的枠組みには、彼の主張が影響している。ルントゥンは、インドネシアにとって ADR の整備が重要な課題であること、そのために伝統的紛争処理を再評価することが必要であるとの立場から、メダン近郊の小都市における調査を行っている。博士論文をもとにした 2004 年の著書『ADR──その成功と失敗（*Penyelesaian Sengketa Alternatif: Kehasilan dan Kegagalannya*）』［Runtung 2004］の調査対象は、メダン近郊の小都市、ブラスタギに住む民族集団カロ・バタックの人々である。北スマトラ州の山地を故地とする民族集団バタックの中には、いくつかの下位区分があり、カロはそのなかでもアダットを重視していることで有名な民族集団である。カロの紛争処理については、法人類学者による古典的な民族誌［Slaats and Portier 1992］がある。

　ルントゥンによれば、カロのアダットは現在でも、親族間、あるいは特定の民族集団の内部での紛争処理に有効である。ただし、アダットの有効性が最大限に発揮されるのは、カロ・バタックに属する個人間の紛争であって、異なる民族集団に属する場合、アダットの効果には限界がある、という。しかし彼はそれでも、訴訟を忌避するのはインドネシアの法文化（*budaya hukum*）の一部である、と主張する。したがって、アダット、あるいはアダット法はあくまでも伝統社会のものであるが、現在改めて調査

を行うことによって、現在の問題に対応できるようにしなければいけない。ルントゥンは、アメリカにとってADRは新しい概念だが、「インドネシアをふくむ東洋の国々」にとっては、新しいものではない、と述べる。彼によれば、必要なのは、伝統的な領域で行われていたものを、現在生じている問題に対応できるように改良することなのである。こうしたルントゥンの主張のなかでは、ADRという法学の比較的新しい概念を用いることによって、アダットが現在でも有効なものとして語りなおされている。

　ここまで記述してきた二つの場では、ポスト・スハルト時代のインドネシアにおけるアダットの役割についての議論が行われていた。地方分権の進行にともなって、中央への対抗原理としてアダットが注目されていることについては前述したとおりである。しかし、国際会議とリサーチ・コロキアムでのアダットは、法学、もしくは人類学の視点から、フクムとの関係が問われている点で、前述したアダット復興の議論におけるアダットとは異なっている。

　こうした学問的立場からのアダットに対する問題意識は「国際法・国家法・地域法は明確には区別できない」、あるいは「紛争処理においては地域に根ざしたアダットを活用しなければならない」といった、かなり抽象的なものである。スリスティオワティは、インドネシアにおける法の多元性の現状を示す例として、人権概念の浸透を例としてあげていたが、近年インドネシアに取り入れられている法学の概念には、他にも様々なものがある。特に、後半で触れたADRをめぐる議論においては、判事による裁定よりも当事者間の合意形成を重視するというという要素が、アダットによる紛争処理の理念型と共有されていることに注目したい。この二つのエピソードの示唆するところについては、本章の最後で再び論じることにするが、まずは、一度視野を広げて、インドネシアの司法政策におけるADRとアダットの位置づけからみていくことにしよう。

2　司法政策における ADR——アダットという法的資源

　ADR（Alternative Dispute Resolution）は、とくに 1990 年代以降のアメリカ合衆国の法実務および法理論の領域で発達した議論である［山田 2002: 73-76］。通常「裁判外紛争処理」という訳をあてるが、直訳すると「代替的紛争処理」となる。ここで ADR が代替することを目指すのは、法廷における裁判であり、より限定するならば、裁判官が下す判決である。したがって、ADR には、調停や仲裁など、判決以外のやり方で紛争を終結させるような、さまざまな方法が含まれることになる。

　従来の法律学では「裁判官のために、具体的な訴訟事件に対して適切な判断が下せるように、その決定基準を提供すること、あるいは手続を整備すること」［棚瀬 1992: 4］が目指されてきた。こうした立場からいえば、あらゆる紛争は、公平・中立な専門家である裁判官の判決によって解決されることが望ましい。司法政策は、国民が裁判を受ける権利を保障することを目指す。たとえば交渉が決裂してしまった場合に、第三者の介入によって合意に到達しようという試みは、裁判を起こす権利の侵害であり、「前近代的」でさえある。従来のアメリカの司法政策でも、誰もが必要なときには裁判所を利用できるような状態が、実現するべき理想像として掲げられてきた。しかし次第に、裁判所が処理できる件数を上回る訴訟が提起され、時間がかかる、手続きが複雑でわかりにくいといった問題が深刻な課題として浮上する。これをうけて、紛争の性質によっては訴訟が最適であるとは限らない、という、これまでと大きく異なる主張が行われるようになったのである。

　1970 年代後半には、司法政策は「裁判所の判断するべき案件」と「そうでない案件」とを分け、必ずしも裁判にはそぐわないような紛争については、当事者の判断にまかせるだけではなく、ADR の利用を促進するような制度をつくることが望ましい、という方針を示した。それにしたがって、1990 年代には ADR の拡大・普及が急激に進む。

アメリカにおいてはまず、1990年の民事司法改革法、1998年の連邦ADR法によって、ADRの利用を促進する法整備が進んだ。行政組織だけではなく、非営利団体や企業によるADRサービス業も急成長をとげる。特に発展したのが、調停（mediation）で、「第三者の援助を得て、両当事者が最終的に合意をすることによって紛争が解決される」［棚瀬1992: 258］という調停の原則の枠内で、様々な変形が生まれている。たとえば、裁判のもつ弁論という形式を取り入れながら、第三者が拘束力のない判断をするミニ・トライアル、あるいは、それぞれの紛争の性質に応じて、各分野の専門家が事実認定を手助けすることによって交渉をうながすサービスなどがある［Palmer and Roberts 1998: 223-304］。

　従来は「あえて調停など持ち出さなくても、人は大部分その紛争を自分たちで解決しているし、かりにそれができずに紛争がこじれたような場合には、調停のような『話合い』ではなく、今度はもっと強い解決手段を求めることになる」［棚瀬1992: 258］ということで、調停の利用は進んでいなかった。しかし調停は現在、当事者間の交渉を促進するという役割に加えて、法律の専門知識を持った調停者の法的判断によって、裁判官判決に替えるといった機能をもつようになっている。

　このようにADRをめぐる議論が精緻化するなかで、さらなる拡大を支持する立場、あるいは反対に、慎重な議論を求める立場の両方がある。ADR支持の立場からは、ADRは「簡易・迅速・低廉」な手続きによって、訴訟制度の欠点を補うものである。裁判制度に対する不満の中には、裁判が持っている利点と背中あわせのものがある。たとえば、口頭弁論・証拠調べなどの手続きは、公正さを維持するために必要であるが、高度な専門知識を必要とし、時間とコストがかかる。また、厳格に法律の条文に依拠した判決は、当事者にとっては背景状況の切り捨てと映り、しばしばわだかまりを残す。ADRは、このような不満に対応することを目指している。

　しかし、訴訟の特徴が逆に欠点となるのと同様に、ADRのメリットも乗り越えるべき課題となる［棚瀬1992; 山田2002］。効率的な司法運営のた

め、裁判所が判断するべき紛争とそうでない紛争とを分けることは必然的に、特定の紛争に関しては訴訟を提起できないことを意味する。もし裁判所の事務効率のみを重視して、恣意的な基準で訴訟が提起できる紛争とできない紛争を分けるとしたら、司法へのアクセスを不当に制限することにもなりかねない。また、訴訟において考慮されないような、当事者の周辺状況を加味して「実情に即した」解決を達成するのは容易なことではない。合意の内容を当事者の自己責任に帰するという柔軟性は逆に、場当たり的な判断や、規範性の欠如につながりかねない。

　紛争を、一定の資源を奪いあう（ゼロ・サム）モデルではなく、協力しあうことでお互いが利益を得る（ウィン・ウィン）モデルとしてとらえる考え方は、ADR の基礎となっているが、そこに社会的地位の格差が反映されてしまうことも考えられる。こうした場合 ADR は、投入したコストに見合った解決しか得られない「二流の正義」に終わってしまうということには、ADR を推進する立場の論者も注意をうながしている［佐藤ほか 2003: 31; 山田 2002: 70］。

法整備支援による ADR の地理的拡大

　1990 年代以降のアメリカで生まれた ADR の概念は、批判を受けながらも、現在、アメリカ国内にとどまらず、世界的に広がっている。この ADR の世界的拡大の背景には、法に関わる領域に対する開発援助活動である「法整備支援」がある。法制度の構築を支援するプログラムの一環として、先進国から途上国へと、ADR の理論が広がっていったのである。

　法整備支援の開始は 1960 年代にさかのぼることができるが、活発化したのは 1990 年代に入ってからである［香川・金子 2007: 1］。1991 年のソビエト連邦崩壊をきっかけとして、旧社会主義諸国の資本主義体制への移行を、法制度の面で支えるための支援が始まった。現在では、世界銀行や国際通貨基金などの国際機関や、アメリカ・EU・オーストラリア・日本など、数多くの国が援助主体として加わり、対象国は旧社会主義圏からアジ

ア・アフリカ諸国へと増加している。当初の支援の対象は、金融関連法・会社法など、経済活動に関する制度の整備に集中していたが、その後、環境・人権・汚職防止などに分野が拡大し、いわゆる「法の支配」を達成することを目指して、数多くのプロジェクトが進んでいる。

　この「未曽有の法整備支援ブーム」[香川・金子 2007: 4]には、問題点も指摘されている。法整備支援を推進する立場からいえば、貿易に関するルールを受け入れ、国内の投資環境を整えることは、経済発展に不可欠であり、受入国の利益に直結する。また、援助の領域を多様化することで、経済発展だけでなく、より包括的な開発を目指しており、この拡大傾向は歓迎されるべきだろう。しかし、受入国の現状に対する理解なしに、いわゆるグローバル・スタンダードを一方的に押しつけることは、逆に主体的な法制度構築を阻害することになってしまう。

　法整備支援の枠組みのなかで、ADRはひとつの重要な論点であり、また同時に法整備支援の課題が明確な事例でもある。投資環境の整備を優先的な課題とする立場からは、ADRは私企業の自由な活動を保証するための手段となる。企業間の契約などにかかわる商事紛争がおもな対象で、煩雑な司法の手続きを回避し、いかに当事者間で簡易・迅速な解決をはかるか、が主眼となる。具体的な支援の内容には、仲裁や調停の拡充、あるいは商事紛争に特化した特別裁判所の設置が含まれる。目的は、国家の介入を最小限にとどめて、経済活動に支障をきたさないようにすることであるといえるだろう。

　したがって、法整備支援におけるADRの位置づけは、当初ADR論がアメリカで生まれたさいの問題設定から若干の力点の変化があることがわかる。手続きの複雑さなど、裁判の持つ構造的な問題への意識から、当事者による合意により大きな評価を与え、「リーガル・エンパワメント」[2]を

2　経済基盤だけではなく、社会全体の開発をめざして、参加型開発といった新しい援助活動のありかたが登場したことを受け、法整備支援の領域で打ち出

はかることで裁判所の負担を軽くするということではなく、ADR制度は、国によって異なる司法制度の利用を回避して、一足飛びに世界標準での解決を可能にするのである。

　法整備支援の一環としての、こうしたADRのアメリカからの「輸出」には、人類学者からの批判的な意見がある。たとえば内戦終結後のルワンダでは、司法制度の機能不全を補うためADRの導入が計画された。計画段階で調査を実施したローレル・ローズ（Laurel Rose）は、ルワンダでは伝統的な紛争処理組織が現在でも有効であるため、ADRを導入すれば、地域レベルの自己管理能力や慣習法を弱めてしまうと主張する［Nader 2001: 21-22、ネイダーによる引用］。第1章でも言及したアヴラックとピーター・ブラック（Peter Black）は、1994年までアメリカの信託統治領であったパラウを例にとって、ADRを他の地域に輸出することをめぐって生じる問題について議論している。彼らによれば、パラウにおいては既に、アメリカの法規を安易に拡張したことによる混乱が生じているのであり、ADRも同様の結果に終わる可能性が高い。それを未然に防ぐためには、背景にある文化の差異を考慮することが必要だとしている［Avruch and Black 1996］。以上の論者は、アメリカの外へとADRを移転することの是非を論じているが、より強くADRそのものを批判するのがローラ・ネイダー（Laura Nader）である。ネイダーにとってADRは、当事者間の調和を重んじるという名目のもと、実際は弱者に妥協を強制するものにほかならない［Nader 2002］。

　法整備支援の一環としてのADRの推進について人類学者は、画一的なADRの「輸出」を問題視し、固有の「文化」「慣習法」に対する配慮が必要であると主張する。しかし、定義上、訴訟による判決以外の多様な紛争処理手法をすべて内包するADRは、人類学者が関心を寄せるところの、

　　されている概念。「市民の法律・司法制度へのアクセスの向上」と説明されている［香川・金子 2007: 46］。

それぞれの地域固有の規範をも取りこむことが可能である。法整備支援の多様化にともなって、受入国の要請・提案に従い、それぞれの地域の事情に配慮するような活動も進んでいる。法整備支援によるADRの拡大は、「地域知」「慣習法」に新たな位置づけを与えているのである。

インドネシアにおける展開

　インドネシアは、民法・刑法といった基本法典をすでに備えているため、法整備支援の対象となったのは、1997年に起きたアジア経済危機前後のことである。この時期、世界銀行、IMF（国際通貨基金）といった国際組織の主導で、司法改革に向けた議論が盛んになった。その後の改革の内容は、四度にわたる憲法の改正、刑法の改正など多岐にわたっている。これらの改革は「司法権改革」および「裁判所改革」という二つの側面からとらえることができる［島田 2002: 201］。司法改革のおもな課題には、司法権の独立を確保すること、司法に対する行政の介入を制限すること、司法に対する信頼を向上させ、効率的に紛争を処理することなどがある。

　司法権の独立については、1999年に制定された法律によって、法務省の管轄にあった高等裁判所、地方裁判所などの下級裁判所が最高裁判所の管轄とされ、形式上、達成された。また、最高裁判事の任命についても、大統領の裁量の余地が小さくなり、国会の影響力がより強くなっている。また、後者の「効率的な紛争処理」については、裁判官の監視によって既存の裁判制度を改良することに加えて、より多様な紛争処理制度を整えることが必要である、との立場から、前述したADRに関する議論が活発になり、制度の整備が進んでいる。さらに、最高裁において、処理が進まずに蓄積している事件の数が多数にのぼっているという問題についても、ADR制度の整備によって改善をめざすことになった。

　ADRに関する法律は、1999年に初めて制定された。この「仲裁および裁判外紛争処理に関する1999年第30号法律」は、仲裁の概念、そして、仲裁契約を両当事者が受け入れて、仲裁人が拘束力のある判断を示

すという仲裁の具体的手続きや、仲裁人の資格などについて定めている[Gautama 1999]。

これをうけて、主に企業間の紛争の仲裁にあたる機関として「インドネシア仲裁評議会（Badan Arbitrase Nasional Indonesia、略称BANI）」が設置された［Pandu 2004］。設立時はジャカルタ、バリ、スラバヤの3か所、現在ではバンドゥン、メダン、パレンバン、ポンティアナを加えた合計7か所に事務所がある。仲裁人としてはインドネシア人73人、外国人34人を含む107人が登録している。利用規約は外国企業の利用を想定して、インドネシア語と英語の両方のバージョンがある。申し立てを受けて選定された仲裁人は、原則として180日以内に判断を示すことになっている。

このADR法の正式名称が、仲裁の語から始まっていること、法整備を受けて設立されたBANIが、主に企業間の商事紛争を対象としているように、ADRはまず、外国企業にとっての投資環境を改善するという経済的な意義をもっている。

商事紛争の文脈では、アダットに関する直接的な記述はみられないが、司法改革全体の方針のなかでは、アダットについての言及がある。たとえば、司法改革にさきだって、世界銀行からの助成で行われた調査の報告書には、「社会のなかで生きている法を発見すること、言葉をかえれば、伝統法および慣習法を通じた法的解決を見出すことが重要なのである」[Budiarjo et al. 1997: 110] との記述がある。この調査は、アダットを「伝統的ADR」というADRのひとつの類型として位置づけ、今後アダットの現状を調査し、活用していくことが重要であるという。前述した北スマトラ大学における紛争処理研究の活性化も、こうした言説の影響を受けたものとみることができるだろう。

では以上のような法学の理論と司法改革の動向をふまえたうえで、視線をメダンに移し、メダン地方裁判所におけるADRとアダットについてみていくことにしよう。

3　地方裁判所における ADR——遠ざかるアダット

「効率的な紛争処理の実現」という司法改革の抽象的な目標は、地方裁判所のレベルではまず、判決が出るまでの期間を制限する、というかたちで具体化した。この方針は、1999年のものだが、まったく新しい発想というわけではなく、判決までの期間を制限する規定は以前から存在していた。この方針のよりどころとなったのは、1992年の「最高裁回状1992年6号（Surat Edaran Mahkamah Agung No.6 Tahun 1992）」で、スハルト体制期に出された規定が、10年を経て、再び注目されたことになる。この最高裁回状1992年6号は、原則として訴訟を受け付けてから半年以内に判決を出すことを定めている。訴訟期間を制限することが判決の質を下げる、という可能性も十分に考えられるが、1999年以降の司法改革は、まず訴訟期間を短くすることをめざしたのである。

では、このような規定に対して、地方裁判所ではどのような活動が行われているのだろうか。判決の数、それぞれの訴訟にかかっている期間などをモニタリングしているのが、それぞれの地裁の「法務部（Bagian Hukum）」である。法務部は、地裁の業務に関わる各種のデータを集計して、月ごと、年ごとにとりまとめ、ジャカルタの法務人権省に報告するという業務を担当している。

メダン地裁では数人のスタッフが、民事事件および刑事事件について、新しく受理した訴訟や申し立ての数、それぞれの原因による分類、といったデータを収集している（**写真5-2**）。そのなかには、判決がどの時期にいくつ出されたか、それぞれの判事が、いつから、どの事件を担当しているのか、という情報もある。法務部は、判事の業務をモニタリングするという役割を担っており、それは判事の業務評価の資料にもなる。

メダン地裁の法務部がまとめている司法統計をみると、たとえば、2004年1月から2005年9月にかけての訴訟の受理と判決についてのデータは、以下のようになっている（**表5-1**）。

写真 5-2：法務部の職員

2004 年	1月	2月	3月	4月	5月	6月	7月	8月	9月	10月	11月	12月
前年からの繰り越し	378											
受理	38	45	56	42	34	49	46	44	37	30	30	50
判決	37	16	12	6	5	15	37	29	44	34	47	71
来月へ繰り越し	379	408	452	488	517	551	560	575	568	564	547	526
2005 年												
前年からの繰り越し	526											
受理	24	47	43	39	41	50	54	55	33			
判決	243	40	34	43	43	45	24	28	43			
来月へ繰り越し	307	314	323	319	317	322	352	379	369			

表 5-1：2004 年 1 月から 2005 年 9 月にかけて受理された事件と判決
　　（出典　Laporan Bulanan Pengadilan Negri Medan 2004）

この表を見ると、2004 年よりも 2005 年のほうが、繰り越されている事件の数が少ないことがわかる。およそ 20 から 40 前後で推移している判決の数が、2004 年 12 月に 71、および 2005 年 1 月は 243 と、飛びぬけた数値を示しているのは、司法統計を年単位でまとめていることが影響している。前年度、つまり 2004 年度の年報をまとめるにあたって、法務部から民事部に対して、改めて案件の現状について調査の依頼をし、その応答が 12 月、1 月にかけて反映されたからである。
　年末年始の大きな変動を除けば、受理される訴訟件数に対して判決の数が著しく少ないということはなく、少なくとも地裁のレベルでは、未済事件が蓄積しているという状況は改善しているといえる。それでも繰り越されている事件には、資料の紛失や、当事者による訴訟進行の放棄といったものが入っていると考えられる。
　それぞれの判事の業務状況が記録される書式が次ページの図 5-1 である。左から順に、まだ判決の出ていない事件番号、担当している 3 名の判事と書記官の個人コード、受理年月日、判事の担当が割り当てられた日付、審理開始日、判決の出た日付、月末までに担当の決まっていない事件番号、繰り越されている事件番号が記載され、右側には判事の氏名と個人コードの対応がある。この資料は 2005 年 1 月のものだが、この時点で最も古いものは 1997 年の 11 月に受け付けたものであった。
　最高裁回状 2002 年 1 号には、全ての判事に、和解（*perdamaian*）が成立するように、最大限の努力をすることを期待する、との記載がある。したがって判事は、訴訟当事者の交渉の促進につとめ、必要に応じて、判事は調停者として、どちらかが勝ったり負けたりするのではなく、双方が利益を得る、ウィン・ウィン・ソルーションに到達できるように努力をしなければならない。最高裁回状は、和解を成立させた判事には、肯定的な業績評価を与えることもあわせて明記している。
　これをうけて地方裁判所に直接的に生じた変化は、訴訟提起後の調停期間をとったことである。「最高裁判所規則 2003 年第 2 号（Peraturan

図 5-1：「民事事件状況報告」の書式
（出典 Laporan Keadaan Perkara Pedata、2005 年 1 月）

Mahkamah Agung No.2 Tahun 2003)」は、地方裁判所における訴訟提起後に3週間の調停期間を設け、裁判官に調停者として当事者間の交渉を促進することを義務づけた。これはADRとしては、訴訟が提起されたあとの「訴訟付属型ADR」の一類型といえよう。

1999年のADR法が抽象的な概念を示す役割を持ったことと比較すると、司法政策によるADRの推進はここで、地方裁判所において訴訟を提起したあとの和解の件数を増やす、という目標に具体化している。したがって、これまで公的には主に判決を出す立場であった判事が、調停者という新たな役割を担うことになったのである。

これをうけて、最高裁判所は、判事たちを対象とした調停セミナーを開催するようになった。2002年10月8・9日、11月19日の3日間、ジャカルタで行われたセミナーで使われたテキストは『調停と和解（*Mediasi dan Perdamaian*）』と題されている。

テキストは、最高裁長官の緒言、最高裁回状2002年1号の引用からはじまり、前半には、調停、交渉の概念説明がある。後半では、より具体的に、調停者が果たすべき役割についての議論が行われ、当事者に対してどのように接したらいいのか、交渉を促進するためには、どのような言葉を使うのが適切なのか、といった方針が事例を通じて示されている。ホワイトボードに問題点を書きだす、ユーモアをまじえて当事者との信頼関係を築く、など、説明は調停の場における細かいやりとりにまで及んでいる。

これらの調停者のスキルに関する記述は、一部は原文のまま英語で直接引用が行われており、アメリカを中心に展開しているいわゆる『ハーバード流交渉術』[3]［フィッシャー・ユーリー1989］に代表される「交渉学」のテ

---

3 ハーバード大学の教員らによって開発された交渉の手法を解説したもので、単なる駆け引きではなく、お互いの一致した利害関係を結論として導き出す「ウィン・ウィン・ソルーション」などの概念を提示したことで広く知られている。

キストを参照している。アメリカで普及しているADRサービスにおいて、調停者として働くために必要な技術である「交渉」を、インドネシアでは訴訟件数を減らすことを目的として、判事たちが学んでいることになる。交渉の手法は、状況に応じて時間を引き延ばすこと、あるいは複数の問題点を同時並行で話題にするなど、当然ながら裁判手続きとは大きくかけ離れたものとなっている。

　ここまで述べてきたように、1999年のADR法制定以降の地方裁判所では、判決までの期間を原則として半年以内にとどめ、さらに、訴訟提起後の調停や和解など、判決以外の形式による紛争処理を増やすことが求められるようになった。判事たちも、こうした司法改革の理念を、定期的な判決の数のモニタリング、および調停セミナーなどによって共有する。では、地裁の判事たちは、こうした中央からの働きかけに対して、どのような意見を持っているのだろうか。

　判事たちは、理念としてのADRには全面的に賛成であるとの立場を崩さず、訴訟当事者に、安く、簡易で、早い解決を提供する、という司法政策の目的に対しては、正面から反対することはない。一般的なADR論で指摘されているような、ADRは二流の正義なのではないかという批判的な意見もなかった。しかし、ADRに全面的に賛意を表する判事たちも、実際に利用の制度が進むかどうか、については態度を変え、懐疑的になる。その理由は、他ならぬ当事者が、判決を欲しがるからだ、という。彼らによれば「訴訟にかかる時間と費用を抑えることには自分たちは賛成だけど、当事者が判決を欲しがる」、という。調停は、ウィン・ウィンなのが利点だというけれど、当事者はむしろ、判事に白黒をつけてもらうことを期待している。なぜなら、訴訟の当事者は、裁判所に来る前に十分に話しあって、それでも解決できなかったために、訴訟を提起しているため、調停の可能性はもはや残されていない。判事によれば、したがって三週間の調停期間が義務づけられた現在も、当事者の反応はよいとはいえない。法廷では、判事は当事者どうしで話しあうように呼びかけているが、このやりと

りは形式的なものになっている。「弁護士にしても、訴訟が早く終わると仕事にならないからね」という冗談さえもよく聞かれた。司法政策が利用するべきだとするアダットについても、判事たちは、いまのインドネシアでは、裁判所でアダット法が使われることはない、という意見であった。訴訟当事者の ADR 観については次節で改めて述べるが、都市、村落を問わず、裁判所に紛争が持ち込まれた時点で、当事者はフクムによる判決を求めているのだ、というのが、裁判官の描く地方裁判所像なのである。

4　当事者にとっての ADR――「未済」という収束

　さて、前節で記述したような経緯でメダン地方裁判所に導入された ADR を、弁護士をふくむ訴訟当事者はどのように受け止めているのだろうか。判事たちが説明していたように、伝統的 ADR としてのアダットを活用するという、司法改革の方針が示すような問題意識を、メダン地方裁判所で働く人々は共有していない。ADR の地裁における認知度は低く、現状を変えるような契機とはなっていない。こうした状況は、制度設計の努力にも関わらず当事者たちが調停に応じない、という、地方裁判所の判事たちの現状把握に重なっている。

　しかし他方で、判事たちが描いてみせる「判決にこだわる当事者」像によって説明できるのは、メダン地裁における人々の行為の一部分にすぎない。判決は、必ずしも執行されるとはかぎらない、という意味で心もとないものであるし、たとえ勝訴したとしても控訴によって紛争が継続することもありうる。では、裁判は当事者の視点からみると、どのように進行していくのだろうか。

継続する交渉と ADR の新鮮味のなさ

　判事の提示する当事者像によれば、十分に交渉が行われ、合意の余地が見いだせないときに裁判が提起される。もめごとを抱えた当事者にとって

の選択肢は、直接交渉か、裁判による判決であり、したがって調停の需要はない、というのは、ADRが注目を集める前のアメリカにおける調停観に通じるものがある。しかしメダン地裁での紛争処理過程をみると、広義のADRに含まれるような実践は行われていることがわかる。裁判のあいだは原告・被告間の接触がなく、ただ手続きにしたがって判決が出るのを待っているのか、といえば、そうではない。話し合いは訴訟提起後も継続しているため、前節で制度化されたような、判事による調停をわざわざ行う必要は感じられないのである。

裁判所の様子については前章でも述べたが、訴訟に関わる人々の話し合いは、日々いたるところで行われている。たとえば、メダン地裁の一階にある所長室の隣には、クーラーのかかった待合室があり、壁にそっておかれたソファーには、10人ほどが余裕を持って座れるスペースがある。入口には女性の秘書が座っていて、事前の約束があるのかどうかを確認する。待合室のドアには、目の位置にカーテンがかかっていて、中にいる人の顔が直接見えないようになっている。業務時間内は多くの人が出入りし、中から出てきた弁護士は、自分は銀行関係の訴訟を担当していて、所長にアドバイスをもらってきたところだ、と語った。

所長室の中に入って直接所長と言葉をかわせるのは、ひと握りの人々にすぎないが、廊下のベンチ、ロビー、傍聴席など裁判所内のあらゆるところで繰り広げられる会話も、雑談とも情報交換ともつかない性質のものである。これもやはり前章ですでに記述したように、地裁は厳粛な雰囲気とはほど遠く、今日は何の用事で来たのか、どんな事件か、あそこにいるのは誰なのか、といった世間話に満ちている。そのにぎやかさは、審理をとりしきる判事の声がときに聞こえにくいほどである。審理の開始時刻が指定されていないため、いくら携帯電話を駆使しても、「待ち時間」を避けることは難しい。そしてこの時間を使って、頻繁に地裁に出入りする弁護士たちは、常にネットワークを維持・拡大している。

それは弁護士どうしだけでなく、同じように廊下を行き来している書記

官や判事も含まれる。さすがにその場で事件についての話が始まることはないが、以前担当した判事が通りかかれば、目ざとく近寄って挨拶をし、戻ってくると「彼はいい人なんだ、ほんとうにいい人だよ」などと得意げに言ったりする。有力者と挨拶ができる間柄であることが望ましく、裁判所に出入りする人々についての人物評価は、噂話の中で共有され、広がっていく。

　裁判にかかわるということは、こうした人脈を持っていることが含まれている。したがって、大企業との接点を持たず、ADR の理論に直接は触れていない多くの関係者にとって、ADR の技術としての新しさ、導入の目的は明確ではない。

判決以外の形式による紛争の収束
　では、こうした状況のもとで、訴訟はどのような過程をたどるのだろうか。前節で論じた、「判決にこだわる当事者」モデルのなかで判事が考慮に入れていないのは、判決の頼りなさである。ある弁護士は、「メダンでは、判決でさえも法的効力があるとは言えない。なぜなら、最高裁から差し戻された案件を再審というかたちでもう一度問題にすることができるし、原告を変えれば新しい別の裁判として提起できるし、執行も難しいから」(2005.4.9) と述べた。また、メダン地裁の副書記官長を務める人物も「たとえば土地を明け渡せ、ということになって、抵抗したり、暴力沙汰になったりすると、安全のために、警察を呼んで、お金を払わないといけない。その費用を負担するのは、勝訴した側」(2005.4.5) といったかたちで、判決の執行にともなう困難について語っている。

　前節でも言及した、民事部の事件登録簿の記載をよりくわしくみると、判決までいたらない訴訟が少なくないことがわかる。だとすれば、訴訟が提起された時点で交渉の可能性は閉ざされており、人々はフクムによる判決を求めている、といえるのだろうか。

　民事部の事件登録簿によれば、2004 年 1 月から 6 月にかけて受理した

進行状況による区分	件数
判決	74
取下げ	28
不明	63
和解	3
合計	168

表 5-2：訴訟の進行状況（2004 年 11 月時点、2004 年 1 月から 6 月に提起）
（出典　Register Induk Perkara Perdata Pengadilan Negri Medan）

　244 件の民事訴訟のうち、離婚訴訟 76 件を除いた民事事件の件数は 168 件である。そのうち 74 件については、同年 11 月の時点で既に判決が出ていたが、そのうち 29 件については、北スマトラ州高等裁判所への控訴が確定していた。三割以上の訴訟について、控訴というかたちで紛争が継続しているということを、どう解釈するかには慎重にならなければならないが、少なくとも、地方裁判所の判決によって紛争が収束しない場合が多い、ということはできるだろう。

　では、残りの半分はどのような状態にあるのかというと、「取下げ (cabut)」と、「和解」、そして、記録が判決に至る以前の状態で止まっている状態とにわかれる。残る 94 件のうち、28 件は取下げられ、和解は 3 件成立しているが、そのうちの 1 件は被告が改めて控訴することで紛争が継続中であった。

　ここで「取下げ」とは、民事部での正式な手続きによって、原告がもう審判を求めない、という意思表示をすることである。当事者間の交渉によって訴訟提起後に合意が成立し、訴訟の手続きを続ける必要がなくなった、という意味では、調停・和解に相当すると言えるだろう。事件登録簿には、「取下げ」と記載されるが、「民事事件状況報告 (Laporan Keadaan Perkara Perdata)」（図 5-1）は、判決と区別せずに「既済」と数えている。これまでの研究では、統計における項目に「取り下げ」があることについて論じられていないが、司法統計上の既済事件の数よりも、出されている判決の数は少ないのである。

では、取下げを件数で上回っている、記録が止まっている訴訟、いわば「不明」の 63 件は、どのような状態にあるのだろうか。この 63 件については、民事部の記録簿 (Register Induk Perkara Perdata) の記載が、判決あるいは取下げのどちらになることもなく、途中で止まっている。記録が徹底していないのではないか、という解釈もすぐに思いつくが、この事件登録簿については、弁護士が過去の訴訟を確認するために民事部を訪ねてくることがよくあり、更新は重要な任務とみなされていた。作業を任されていた民事部の無口な男性スタッフは、常に大判の登録簿に向かい、几帳面な字でそれぞれの欄を埋めていた。

　「不明」の事件について、民事部には、二週間あるいは三週間に一度の割合で、定期的に進んでいた訴訟の進行が、ある段階で突然止まっているという記録が残っている。そのまま何ヶ月もが経過していく一方で、他の事件については半年以内に判決を得ることも十分可能なのであり、あらゆる訴訟手続きに時間がかかっているのではないことがわかる。この違いはどこから生まれてきているのだろうか。

　ある弁護士は、「裁判を進めるためには、職員や書記官といつも連絡をとりあっていないといけない。そうでないと、忘れられてしまう」と言う。一度裁判という手段を選択したのちにも、訴訟の進行は裁判所の敷いたレールに従っているだけでなく、当事者による積極的な訴訟手続きを進めるための管理、紛争のマネジメントがみられるのである。メダン地裁に頻繁に出入りしているひとりの当事者の、地裁でのふるまいについて具体的にみてみよう。

訴訟のマネジメント

　不動産の売買、宅地などの開発に携わっているリダ氏は、メダン地裁で継続的に 10 件ほどの訴訟を抱えている。彼女は週に数回メダン地裁にやってきては、副書記官長、民事部長、担当の書記官の居室を訪ねて、必要書類、訴訟の日程などを確認していた。彼女の雇い主は、メダンで不

写真 5-3：土地登録局メダン支部

動産の取引に携わって 15 年になるが、普段はシンガポールに住んでいるため、主に彼女がメダンでの折衝にあたっている、という。彼女によれば、土地の権利関係をはっきりさせておくことは、彼女たちデベロッパーにとって不可欠な作業であり、そのためには、地方裁判所や土地登録局（**写真 5-3**）といった組織を必ず経由することになる。

　リダ氏によれば、ある土地を買い、いざ開発しようという段階になって、別人が所有権を主張して訴訟を起こしてくることがままあるという（2005.8.15）。したがって、権利関係がはっきりしていて安全といえるのは、「差し押さえられて競売にかけられた土地や、国有地だった土地」なのだという。もちろんリダ氏の側でも、第三者が介入してくる可能性を見越して権利証を事前に確保しておくのだが、たとえば相手もまた別の権利証を持っていた場合、どちらが正当か、判事の判断を仰ぐということになる。裁判所で二つの権利証をつきあわせれば、すぐに区別がつくようにも思われるが、ことはそれほど単純ではないようだ。なぜなら、地方裁判所でも、土地登録局でも、「全員に会って話をしておかないと、手続きがちっとも

進まない」のだという。リダ氏は、こちらで契約した弁護士であっても、「よく知っている人でないと、知らないうちに相手側に情報を売ったりする」ので、注意しなければいけない、という発言に続けて、裁判所や土地登録局に勤める人々の人となりについてひとしきり感想を述べた。

　リダ氏と地裁との関係は、彼女の周到な根回しによって良好に維持されている。土地の権利関係に正当性を付与する、という、地方裁判所でしか達成できない作業のために、彼女は訴訟手続きを継続する努力を続けているのである。彼女は、裁判の期日のほかにも、週に数回、北スマトラ土地登録局の担当者およびメダン地裁の書記官長に面会しており、そのことによって、訴訟の進行状況を定期的に確認しなければ、書類が処理されない可能性があるのだ、という。

　このように、いちど提訴すれば判決までたどりつくというわけではなく、当事者の努力なしには、訴訟の進行は簡単に停止し、より新しい訴訟に追い越されていく。つまり、前述したように進行が停止している、すなわち「放置」されている訴訟は、何らかの理由で判決を求める動機が失われているという点で、むしろ取下げに近い機能を果たしていると考えられるのである。民事部にある記録から読み取れるのは、ADRの一環として三週間の調停期間が義務化された後でも、判決が必要でない案件は依然として「取下げ」、あるいは「放置」というかたちで収束していることであった。

　アダットは、司法政策のなかでは有効な紛争処理手法として期待されているが、以上のような実践はアダットに基づくものとしては意識されていない。裁判所において実施したインタビューにおいて繰り返し言及されたのは、アダットの有効性の否定ではなく、特定の民族集団との対応関係という特徴であった。英語の heterogeneous に由来し、多様なものが混じりあっているという意味で定着している形容詞 *heterogenis* を用いて、複数の民族集団が居住するメダンではアダットはもう使われていない、という点が強調される。華人には、そもそもアダットという選択肢は存在しないじゃないか、という例を持ち出す人もいた。

以上みてきたように、メダン地裁で裁判の手続きを進めていくさいには、判決を得ることがもっとも重要な目的ではなく、訴訟当事者が裁判を選ぶ理由は、判事が外向きに描いてみせる「判決を求める当事者像」では説明しきれない。インドネシアの司法制度の問題といわれる多数の「未済」事件のなかには、訴訟手続が両当事者にとっての関心事でなくなっているものも数えられているのである。彼らにとっては、判決によって「白黒つけてもらう」ことだけが重要なのではない。多くの場合、判決の執行はスムーズにはいかないし、判決まで至らず、途中で取り下げる、あるいは手続の進行が止まるケースも多い。たとえば、メダン市内では新しいショッピングモールやホテルなど、大規模な商業施設が建設される過程で、周辺の住民が生活環境への被害を訴えて提起する裁判が地元メディアをにぎわせることがあるが、多くの場合判決の前段階で収束する。こうした場合、訴訟を起こすことの効果は、判決を得ることよりも、たとえ非公式なものであっても、大企業を交渉の場に引き出すことだろう。

　また、アダットを法的資源として利用することをめざす法整備支援の議論は、ときにはADRのような先端的概念を違和感なく導入し、ときには諸外国の介入を退けるためのレトリックとして有効ではあっても、地方裁判所の業務に対する有効な方針とはなりえていない。判決とならんで想定される紛争処理の選択肢のなかに、「調停」「和解」は現時点でも入っておらず、ADRが当初の目的に従って活用されているとはいいがたいが、取下げや訴訟の放置といった選択肢は存在している。ここでは判決というよりも、むしろフクムによる裁判というプロセスが重要なのである。

5　ここにはない、でもどこかにはあるアダット

　この章では、フクムとアダットの関係を理解するために、民事訴訟法の領域におけるADRの議論のインドネシアでの展開について記述してきた。ここで明らかになったのは、ポスト・スハルト時代において、フクム

とアダットの関係についての論点が変化していることである。これまでアダットをめぐってさまざまな議論が行われてきたが、アダット由来の概念が「インドネシア性」を象徴し続けていること、そしてその一方で解決の糸口のみえない土地紛争が生じていることには、法的領域がアダットをも取りこむようになっていることが背景としてある。

　まず、1990年代のアメリカで生まれたADRがインドネシアに導入されたのは、国際的な法整備支援による、ADRの世界的な拡大の一部としてであった。ADRによって「効率的な」紛争処理を目指すことは、民主化の達成に不可欠とみなされ、ADR制度の整備は司法改革の柱のひとつとなったのである。そのなかでアダットは、人々のあいだで生きている慣習法として、活用していくべきだという方針が示された。

　アダットによる紛争処理を、裁判所に紛争が持ち込まれる以前の段階で紛争を処理するための有効な手法ととらえ、これを「伝統的ADR」と名付けることによって、ADRという耳慣れない用語に対する違和感を減じる効果が得られている。外から持ち込まれたADRという概念を正当化するには、アダットを持ち出すことが依然として有効であることが読み取れる。

　しかし、こうした理念が掲げられつつも、より具体的なレベルでは、投資環境を整備するという経済的意義がむしろ影響力を発揮する。大企業にとってのADRの利点のひとつは、商事紛争において面倒な司法プロセスを回避することができることだ。司法制度の内部では、訴訟が処理されずに最高裁に蓄積しているという、統計上の「未済事件」の数を減らすことに力点がおかれ、地裁においては、訴訟期間を短縮することが要求されるようになったのである。

　こうして地裁の判事たちは、司法政策と訴訟当事者のあいだに挟まれる。判事たちは、ADRが効率的な紛争処理につながるという司法政策の立場には、ほぼ全面的な賛意を示していた。裁判所内で整備されたADR制度の利用が進んでいないことについては、自分たちは、規則通りに訴訟期間

の短縮につとめ、調停の技術を学んでいるが、訴訟当事者がみんな判決をほしがる、という姿勢を示していた。他方で、彼らにとってアダットは、メダンであろうと、他のどこであろうと、裁判所においては使われないものとみなされていた。

そして当事者にとっては、ADR の何が新しいのか、自分たちが法廷外で話し合いをしていることと何が違うのか、は明確でない。ADR という言葉が使われるようになる前から、必要な範囲で訴訟を取り下げる、あるいは放置する、といった選択肢を用いてきたので、それを調停という形式にのせることへの関心は低いのである。

このように、司法政策、地裁判事、訴訟当事者のそれぞれが、ADR、アダットについて異なるみかたをしている。しかしここで注目したいのは、村落を典型例としたこれまでの議論とは異なる姿で現れている、ここにはないけれども、どこかにはあるものとしてのアダットである。

近年アダットへの注目は、それぞれの地方を発信源として、ジャカルタ＝フクムに対して挑戦し、地域の独自性をアピールする「アダット復興」に集中している。この「地方分権型」のアダット復興は、バリ、バタックといったそれぞれの民族集団を単位として研究を進めてきた、法人類学の蓄積と親和性が高い。フクムは、この「狭く、深い」アダットの障害として現れる。

しかし現在インドネシアにおけるアダットの現れかたは、これらの議論に表れているよりも複雑な形態をとっていることを考慮しなければならない。冒頭に挙げたシンポジウムや北スマトラ大学法学部のエピソードに現れていたように、ジャカルタやメダンにおいて展開されているのは、フクムとの対立ではなく、フクムへのひとつの応答として活性化しているアダットである。

この場合、個々の民族集団ではなく、インドネシア全体が議論の射程に入ることになる。これは、表面上は、第 2 章で触れたスハルト政権下のアダットの称揚と共有する部分もあるが、大きく異なるのは、アダットに

よる当事者間の合意が、法学の理論のなかで、国際機関など「外から」の支持を得て正当化されていることだろう。この司法改革型「アダット復興」は、先端的な議論の裏付けを持ちながら、フクムの内部にアダットを再定義し、フクムによる判決と「アダット」による合意形成を、発展段階ではなく、法システムの二つの極として位置づける。

　しかしこの「アダット復興」は、紛争当事者にとってはいささかピントのずれた議論である。フクムに既にある程度慣れ親しんでいるメダン地裁の人々にとって、ここで行われるアダットの称揚は、自分たちとは関係のないものとして受け流されているのである。

　本章でみてきたように、ADRという民事訴訟法学上の概念の世界的拡大によって、これまで法人類学が研究対象としてきた慣習法の位置づけは変化を遂げている。アダットは、国家法と矛盾・対立するものでは必ずしもなく、アダットの有効性に期待することに強い批判は向けられない。次章では、こうした状況のなかで、アダットに基づいて土地に関する権利主張を行う団体が活動を行っている事例について考察を進めたい。

| 第 6 章 |

スルタン租借地をめぐる訴訟群の成立

東スマトラの土地紛争にみる争点の移動

前章では、司法政策および地方裁判所の業務を対象として、国家法（フクム）と慣習法（アダット）の結節点の移動という視点を提示したが、本章ではそれを受けて、アダットを根拠とする権利主張と、それを支える論理について考察する。前章ではおもに理論的な側面について扱ったが、本章のねらいは、具体的な紛争事例における争点の変化を通じて、この結節点の移動がどのようなものなのかを明らかにすることである。事例としては、メダン市近郊におけるプランテーション用地をめぐる土地紛争を取りあげる。

　ムラユ系の人々による農民組織と、かつてメダン周辺を支配していた王族の末裔が国有地をめぐって争っている、というのが紛争の大枠だが、土地所有をめぐる争いについては、国家法と慣習法の矛盾が表面化する典型的な例として多くの蓄積がある。またインドネシアにおける旧王族についても、アダットの担い手としての期待が集まっているという指摘がある。まずはメダンの事例の特徴を明らかにするために、第2章でふれたアダット復興の議論に立ち戻って、ポスト・スハルト期の土地紛争についての既存の議論を整理することにしよう。

1　ポスト・スハルト期の土地紛争とアダット復興

　ポスト・スハルト期のインドネシアにおいて、各地で進行するアダット復興運動が注目を集めていることについては、既に繰り返し述べているとおりである。

　従来のアダット復興をめぐる研究は、地方分権にともなうアダットの再評価に注目し、なかでも具体例として土地紛争の先鋭化を取りあげている。ジェイミー・S・デイヴィドソン（Jamie S. Davidson）とデイヴィッド・ヘンリー（David Henley）は、これまで合意の重視、調和といった含意をともなって語られてきたアダットが、スハルト政権崩壊後の「改革の時代」に、抵抗・暴力といった正反対の運動に結びついているという状況を指摘

していた［Davidson and Henley 2007］。なかでも、アダットに基づく土地所有権を主張する事例は典型的な例とされる。たとえばカリマンタンでは、国立公園となっている土地が先住民であるダヤク人のものである、という主張から、土地の境界をめぐって紛争が起こっているし、バリでは島外からやってきた移民を排斥する動きが出ている、という。これを第2章の用語を用いて整理するなら、「分けるアダット」を伝統文化の領域に封じこめていた力が、中央集権体制の見直しによって弱まった、ということになる。デイヴィドソンとヘンリーが取り上げている事例は、その結果、各地のアダットが土地所有などに関する規範としての機能を回復し、さらには武力紛争を正当化する根拠となることで、「まとめるアダット」との齟齬が表面化している事例といえるだろう。

　デイヴィドソンらがアダットの抵抗・暴力という側面に注目するのに対して、ゲリー・ファン・クリンケン（Gerry van Klinken）は、アダットの担い手としてのスルタンの再評価に、「まとめるアダット」への期待の増大を読み取っている［Klinken 2007］。植民地支配以前に、インドネシア各地に存在したスルタン制は、インドネシア共和国の独立後、ジョグジャカルタを唯一の例外として解体されたのだが、クリンケンは、彼らが、地方分権と軌を一にして再び注目を浴びていることを指摘する。各地で、以前から政治的地位を維持していた「王族」が発言力を増し、あるいは一度絶えた血筋が復活して、故地に呼び戻された「スルタン」が再び地方政治に進出しているのだという。

　クリンケンは、各地のスルタンを、すでに確立していた地位の「向上」、一度絶えていた系譜の「復活」、あるいは「再創造」という、3つのカテゴリーに分けて分析している。ジョグジャカルタのスルタンが1999年と2004年の大統領選挙に立候補したことは「向上」の例といえるが、かつて存在していたことがはっきりしている約70の王国のうち、リアウ州のシアック、西カリマンタンのポンティアナなどで25のスルタンが近年になって「復活」したという。たとえば西カリマンタンでは、2001年には、

地元で観光局に勤務していた人物が王子として迎えられたという事例がある。彼らスルタンは現在、「インドネシア王宮コミュニケーション・フォーラム（Forum Komunikasi Keraton-Keraton Indonesia、FKKKI）」を組織して、伝統文化振興のためのイベント開催などを運営している。クリンケンは、スルタンたちが力を増すことによって、封建的な秩序、あるいは社会的格差が容認されることの危険性を指摘するとともに、彼らの「帰還」が、アダットに基づく調和に対する人々の期待を反映しているという見方を示す。

デイヴィドソンらが、アダットを根拠とした暴力・抵抗に注目しているのに対して、クリンケンは、国民統合の理念としてのアダットに対する思いを、人々がスルタンたちに託している、とする。では、こうした見方からは本章で議論する事例はどのようにとらえられるのだろうか。本章の事例は、ムラユのアダットにもとづく土地所有権を主張する活動で、その意味ではデイヴィドソンらが着目している土地紛争の事例でもあり、また、スルタンが関与しているという点からいえば、クリンケンによる「スルタンの帰還」の事例でもある。しかし、彼らの事例との違いは、まず紛争が暴力には結びつかず、法廷を舞台としていること、そして必ずしもスルタンがアダットの担い手として期待されてはいないことである。このような違いは何を意味しているのか、というのが本章の問いのひとつであるが、まず、メダンに視線を戻して、土地紛争の概略をみてみよう。

土地紛争の概略

北スマトラ州の東岸部、東スマトラとよばれる地域で、新秩序体制下から土地の権利を主張する運動を行っているのが、「インドネシア『待つ民』の闘争協会（Badan Perjuangan Rakyat Penunggu Indonesia、以下「待つ民の会」）」である。1953年に活動を開始した「待つ民の会」は、先住民ムラユの組織として、現在では、1999年設立のインドネシア初の先住民団体「全国アダット共同体同盟（Aliansi Masyarakat Adat Nusantara、略称AMAN）」に北スマトラ州唯一の団体として加盟し、支援を受けている。

そして、現在彼らが法廷で権利関係を争っている土地が「スルタン租借地（grant sultan）」である。ここで「スルタン」とは、インドネシア共和国の成立以前にこの地域一帯を支配していたデリ王国のスルタンの末裔のことである。19世紀後半に始まるタバコ・プランテーションの繁栄によって、メダンが都市としての発展を遂げたことは第3章で既に述べた。この広大なプランテーション開発は、当時のデリ王国のスルタンとプランテーション会社が土地の租借契約を結んだことで可能になった。「スルタン租借地」とは、この時期に租借契約の対象となった土地のことである。

　プランテーションをとりまく状況は、その後大きく変化した。農園内で必要な労働力を供給するため、ジャワ人・華人・バタック人が大規模に移民してきたことで、この地域の人口は急増し、その構成も多様になった。タバコの栽培は1920年代をピークとして下火になり、ゴム、カカオ、さとうきびなどが導入された。インドネシア共和国の独立後は、プランテーション用地は原則として国有化され、国営のプランテーション企業が運営を引き継いだ。また周辺の道路の発達によって、政府は農地であった土地を転売し、そこに住宅団地や工場が建つようにもなった。

　インドネシアでは、土地の正式な登記によっていかにして所有権を確定するかが、全国的な課題であり続けている。プランテーション用地の転売や、耕作面積の縮小などによって新しく生じた利害関係も、必ずしも登記が徹底されておらず、権利関係の混乱が生じる事例が多い。1999年には、北スマトラ州政府が土地問題解決のためのチームを組織するなど、プランテーション用地をめぐる紛争は、解決するべき問題として意識されている。

　ここで先住民としてのムラユのアダットが重要な要素として登場するのだが、ムラユのアダットに対する一般的な見方は懐疑的である。たとえば、東スマトラのプランテーション問題について著作のあるシャフルディン・カロは、「北スマトラ州のプランテーションでは、土地のウラヤット権が問題になっていますが、メダンにおいては、それを証明することができません」（2005.12.19）と語る。ウラヤット権とは、第2章でも述べたよ

うに、インドネシア独自の規範としてのアダットに基づく土地所有権のことであるが、彼によればメダンにおいてはウラヤット権よりも個人の権利が強くなっていて、「土地の権利証がないので、境界が不明確ですし、系図も残っていないので、血統を確かめることもできません」という。また、デリ王国のスルタンの影響力についてもカロは、「バタックやカロは、まだアダットが濃く残っていますが、ムラユはばらばら」である、と否定している。

　ムラユのアダットを掲げた土地紛争に対するカロのこのような見方は、一人の専門家の意見というだけではなく、都市部におけるアダットに対する考え方のひとつの典型を示している。先祖伝来の土地である、と「待つ民の会」が主張するのが、具体的にはどの範囲なのか、あるいは、所有権がなんらかのかたちで認められたとして、それを行使できるのが誰なのか、確定することは難しい。また、現在デリ王国のスルタンが持ちうる影響力も、それほど大きいものではない。こうした立場を反映して、後述する訴訟事例に関わったメダン地裁の書記官も「スルタン租借地なんて、偽物ばかりだ」という疑念を口にしていたのである。

　では次に、こうした懐疑的な見方を背景にしながらも、どのような形で土地紛争が展開しているのか、彼らの活動がどのように継続・拡大しているのかということについて述べることにしよう。以下では、スルタンと先住民団体という二者について記述するが、まずは、ムラユ系の先住民団体である「待つ民の会」の活動について、その歴史的背景と、設立から現在にいたるまでの流れをまとめてみる。

2　東スマトラの土地紛争――「待つ民」の活動とそのロジック

　前節で述べたように、ムラユ系住民の団体である「待つ民の会」は、半世紀以上東スマトラで活動を続けている。インドネシア共和国の独立直後から、新秩序時代、現在の「改革の時代」と、彼らは一貫して土地に対す

る権利を主張してきた。それぞれの時代における運動の特徴については後述するが、彼ら「待つ民」とは、どのような人々なのだろうか。

「待つ民」とは——タバコ・プランテーションと周辺住民

　以下ではまず、現在の彼ら自身による説明を紹介してから、東スマトラのタバコ・プランテーションについての先行研究[1]を参照する。国営企業によって先祖伝来の土地を奪われた犠牲者、というのが「待つ民」の描く自画像であるが、土地紛争の淵源をたどってみると、問題は国営農園会社との関係だけではないことがわかる。これまでの研究によれば、第3章でもふれた東スマトラにおける人口移動や民族集団の構成、さらにタバコの持つ特性などの要因が影響している。

　「待つ民の会」が権利関係を争っている土地のなかでもっとも対立が鮮明になっているのが、第二国営農園会社（PT Perkebunan Nasional II、略称 PTPN II）が占有している土地、約6万ヘクタールである。タバコの栽培面積が縮小したあとでも、カカオ、さとうきび、アブラヤシなどの商品作物の栽培は、北スマトラの基幹産業となっている。インドネシア国内にある14の国営農園企業のひとつである、第二国営農園会社は、千人以上の従業員を擁する大企業で、メダン近郊の町タンジュン・モラワに本部をおいて、北スマトラ州内に30ヵ所ある農園を経営している。

　「待つ民の会」によれば、植民地支配期の東スマトラでは、一定の条件のもとで、周辺のムラユ系住民は農園の土地で作物を育てることができた。タバコの栽培後は土地が疲弊するため、当時の技術では連作することができず、一度収穫したのち、7年の休耕期間をとる必要があった。プランテーション会社は、この間、周辺住民が米やとうもろこしなどを栽培することを許可した。栽培中のタバコのすきまとなったこの土地は「縞の土

---

[1] 以下の整理は、主に［Kalo 2005; Langenberg 1982; Pelzer 1978; Stoler1995］によっている。

地[2]（*tanah jaluran*）」とよばれ、タバコが栽培されている間は、住民の立ち入りは禁止された。「待つ民の会」によれば、この制度が、タバコの収穫が終わって農耕が可能になる時期を「待つ民（*Rakyat Penunggu*[3]）」という東スマトラに特有の言葉のもとになっているのだという。

　耕すことができる時期を「待つ」民は、植民地期には対等な話し合いによって適切な補償を受けていたが、インドネシア政府は、アダットを軽視し、自分たちの権利を侵害しているのだ、と、彼らは現状を説明する。東スマトラのプランテーションの内部、とくに移民労働者に注目した研究においても、ムラユ系住民は、デリ王国の後ろ盾のもと、植民地支配によって利益を享受していた先住民マイノリティとして描かれる［Langenberg 1982; Stoler 1995］。

　「恵まれたマイノリティ」というムラユ像がある一方で、この「縞の土地」は植民者本位のシステムであり、植民地期から衝突があったとの記録もある［Mahadi 1978; Pelzer 1978］。休耕地を利用した周辺住民の耕作は、タバコ・プランテーションの開発初期、1890年ごろから認められていた。カール・J・ペルツァー（Karl J. Pelzer）によれば、彼らは "*Rakyat Penunggul*" と呼ばれている［Pelzer 1978: 81］。語尾に "l" が付加されている、というこの呼称の差異について歴史家のマハディ（Mahadi）は、はっきり論証することは難しいとして、タバコを収穫したあとの農地に残る「切り株（*tunggul*）」から来ているという説、あるいは土地の境界を区切る「杭（*tonggol*）」から来ているといった説を紹介している［Mahadi 1978: 146］が、ここでは「待つ民の会」による説明にしたがった訳語をあてる

2　「ジャルラン地」との訳もあるが［ストーラー 2007］、"*jaluran*" が「縞」を意味する "*jalur*" に由来しており、タバコとタバコのあいだに休耕地を帯状に設けたことから、この訳語をあてた。

3　"*penunggu*" は、"*pe-*"「〜する人」という接頭辞と "*tunggu*"「待つ」という動詞で構成されている。直訳すると「待つ人」、日常語では「警備員」という意味にもなる。

こととする。

　現在の「待つ民」は、この仕組みを農園会社による周辺住民への補償ととらえているがペルツァーによればこの制度は、あくまでもタバコの効率的生産を優先するものであった。休耕期は7年間という長期にわたったが、次回のタバコ栽培に支障をきたさないよう、住民の土地利用にはさまざまな制限があった。病害を防ぐため、栽培できる作物の種類は原則として陸稲のみで、休耕地の境界付近のみ、とうもろこしと豆を植えることができた。収穫は一度だけ許され、その後の農地への立ち入りはできなかった。加えて、1930年をピークとしてタバコの作付面積が急激に縮小したため、休耕地である「縞の土地」もそれにともなって不足する、という問題も起きていた。また、植民地行政官は農地を租借することの見返りとして、土地の租借料をスルタンとアダット首長とのあいだで分割するように指示したが、その配分も必ずしもスムーズではなく、スルタン・農園労働者・ムラユ系住民・アダット首長のあいだの租借料をめぐる争いについての報告がある。

　この土地利用の仕組みの性質については議論の余地が残っているが、今日にまで続く土地紛争の淵源はタバコ・プランテーションの開発にあることは確かであり、東スマトラ独特の「縞の土地」の制度が、現在に至るまで続く権利主張の根拠となっているのである。

　農園労働者、スルタン、アダット首長、周辺住民とのあいだの関係は、1942年3月、日本軍が北スマトラに上陸したことによって変化したという。日本軍は、タバコ用地の大部分にあたる16万ヘクタールを開放し、食糧を増産することを目指した。日本軍の指示が、どの程度プランテーションの内部に影響したかについてアン・ストーラー（Ann Stoler）は疑念を示しているが、農民がプランテーションの敷地内に立ち入ったことが、独立後まで波及する「農園占拠問題」の発端となった［加納1985］。

　1945年にインドネシア共和国は独立を宣言したのちも混乱は続き、1950年代には、先住民としての既得権益を守りたいムラユと、それに

反発する非ムラユ系移民との対立が激しくなる。「待つ民の会」の設立は、この時期である[4]。設立者の一人は王族であり、正式な活動はマイムーン宮殿の前庭で始まったという。設立当初、デリ王国とのつながりは密接であった。

1960 年に制定された農地法は、植民地時代から引き継がれた、人種の区分に基づく複雑な法体系を、土地所有に関して統一することで、国営企業による開発を促進することが目的であったという［水野 1988; 杉島 1999］。共和国の国益を優先する政策が徹底されるとともに、スルタン制の廃止も明文化された。

以上みてきたように「待つ民」は、当初のタバコ栽培に不可欠だった休耕期の農地を利用するシステムの一部であった。そしてこの「縞の土地」の制度においては、住民による耕作に細かな制限があったのに加えて、タバコの生産量が減少するにつれて機能不全に陥っていった。しかし、タバコの生産が大幅に縮小された現在、「待つ民」はこの仕組みを、植民地期に周辺住民のアダットに基づく権利を保証していたものとして位置づけている。また、1953 年の設立時には密接であったムラユ系住民とデリ王国との関係は希薄になり、「待つ民の会」はスルタンの後ろ盾のないところで権利主張を繰り広げていく。では次に、「待つ民」による具体的な活動内容をみていくことにしよう。

アバ・ナウィが歩いた道

半世紀を超えるこの「待つ民の会」の活動において、1979 年以来代表を務めたのがアフナウィ・ノ（Afnawi Noeh）氏、あるいは周囲の人々が呼ぶところの「アバ・ナウィ（Abah Nawi）」だった（**写真 6-1**）。インドネシア語で男性に対する敬称は通常「バパ（*Bapak*）」だが、ここで使われ

---

[4]　設立当初の「待つ民の会」および初代のリーダーについては、［Agustono et al. 1997］に詳しい。

写真 6-1：アバ・ナウィ

ている「アバ」とはムラユ語で「父」を意味する。直訳すれば「ナウィ父さん」というこの呼び名の通り、彼は「待つ民」を体現する存在であった。

各種メディアの取材では主に彼がインタビューを受け、全国紙コンパス（*Kompas*）やスマトラを中心にした地方紙ワスパダ（*Waspada*）は、彼の言葉を「待つ民」からのメッセージとして伝えた。また、前述した「全国アダット共同体同盟（略称 AMAN）」や「インドネシア環境フォーラム（Wahana Lingkungan Hidup Indonesia、略称 WALHI）」といった全国組織の会議にも、代表として出席した。アバ・ナウィは、2006 年 2 月に 69 歳で亡くなるまで、「待つ民の会」を象徴する存在であり、強力なリーダーシップを発揮していたのである。

アバ・ナウィがリーダーになった 1979 年以降、「待つ民の会」は、デモなどの抗議行動を通じて、先祖伝来の土地、アダットの土地に対する自分たちの権利を認めるよう、政府に訴えかけている。1982 年には、アバ・ナウィは自らジャカルタを訪れて、中央官庁に対する直訴をしている。彼は住民の窮状を訴える書簡を、内務省・最高裁判所・国会・警察などに持

参した。スハルト大統領はそれを受けて、土地問題の早期解決を内務省に指示する文書を発行し、その写しは後日アバ・ナウィのもとにも届いた。アバ・ナウィは、バイクに乗って大統領の私邸に出向いたときのエピソードを、「待つ民」の正当性が公的に認められたことの証しとして、インタビューで披露している[5]。しかし、こうした公的な指導や文書によっても、国営農園会社は住民の立ち入り、居住を認めなかった。

1995年、一時的に活動を休止していた[6]アバ・ナウィは、「待つ民の会」の活動をより先鋭化した形で再開した。国営企業が所有している土地を取り返すべく、周辺住民が集団で境界を越えて移住したのである。1995年から1996年にかけて、「待つ民」はデリ・スルダン県のバタン・クイス、タンジュン・グスタなど27の農園で「待つ民の会」と記した標識のもとに住居を建て、とうもろこしや米などの栽培を始めた[7]。またプルチュット・セイ・トゥアン郡のサエンティス農園では、収穫を控えた農園の内部で暮らす「待つ民」たちが、カカオの木を切り倒して自分たちの作物を植えているのが発見され、それが60ヘクタールという広い範囲にわたっているとして問題になった[8]。

農園会社はこの集団移住に激しく反発し、ブルドーザーで住居や作物を撤去したり、警察を動員して抵抗する住民を逮捕したりといった対応をとった。1997年9月には、デリ・スルダン県で「待つ民」と第二国営農園会社の職員との衝突が起きた。事件があったのは集団移住が行われていたサエンティス農園で、敷地内に居住していた数十人の「待つ民」は、職員のバイクや自転車約20台に火をつけ、農園会社の職員二人が負傷した[9]。

---

5 *Kompas*紙 2003年10月17日。
6 *Kompas*紙 2003年10月17日。
7 *Kompas*紙 1995年11月24日、*Republika*紙 1995年9月25日。
8 *Sinar Indonesia Baru*紙 1995年1月21日。
9 *Waspada*紙 1997年9月24日。

1996 年には、軍隊を動員した農園会社との衝突によって、6 人の死者が出ている［Agustono 2002］。

そして、スハルト大統領の退陣後に訪れた改革の時代は、「待つ民の会」に対する外部からの注目を増大させ、同時に、国内における地位の向上をもたらした。先述したアダット復興の研究が指摘するとおり、「待つ民の会」はインドネシア国内の、他の地域の先住民運動と連携して、国際的な支援を受けるようになったのである。

1999 年、アバ・ナウィはインドネシア国内各地の先住民による組織、AMAN の第 1 回の会合に招かれた。「待つ民の会」はそれ以来、スマトラの事務局として登録しており、AMAN のニューズレターはその活動を紹介している[10]。記事の前後には北ロンボク、リアウ、西カリマンタンの事例があり、全国で展開している先住民運動のひとつとしての扱いをうけている。

また国外だけでなく、州政府や地方議会など、国内における注目も獲得している。北スマトラ州政府は、1999 年に土地問題調査チームを組織しており、プランテーションをめぐる土地紛争は、解決するべき課題として意識されるようになっている。では、以上記述してきたような、アバ・ナウィに導かれた「待つ民」の活動は、どのような論理を背景にしているのだろうか。

「アダットの土地」の行き詰まり

アバ・ナウィが「待つ民の会」の活動を語るさいの特徴としては、オランダ植民地期の農園と住民の関係に対する肯定的な見方と、「アダットの土地」というキーワードがある。アバ・ナウィによれば、オランダ植民地支配期の農園会社が「縞の土地」の利用権を与えたのは、ムラユのアダットを尊重した結果であって、そのことが現在のインドネシア政府、および

10　Gaung Aman. 2005 年 3 月号。

国営企業に対する彼の批判の原動力となっている。政府、および農園会社に対して批判を行うなかでアバ・ナウィは、オランダ植民地支配期を、インドネシア政府に比べて正当な対応を受けていた時期として好意的にとらえる。たとえば彼は、「タバコが栽培されている間、村民は隣の村、あるいはもっと遠い村に移り住んだ。定期的に移動していたが、深刻な問題にはならなかった。単一のアダット圏の中で、アダットの構造が守られていたし、土地も十分にあった」（2005.4.19）と語り、オランダ植民地政府と自分の先祖とが取り交わした契約を、友好的なものであり、一定の秩序維持に成功していた状態ととらえている。

　植民地時代への言及は、政府が、オランダのプランテーション会社がしたのと同じように、住民との交渉を行うべきだ、というときの比較事例として行われる。上にあげたアバ・ナウィの言葉の中にあるように、アダットは、「待つ民の会」の活動における、重要なキーワードとなっている。アバ・ナウィが繰り返し語るのは、現在の国有地が「アダットの土地 (tanah adat)」であり、われわれ住民のものである、ということだ。これまで 1983 年の農地大臣決定など、一部の土地に限って「待つ民」に返還する、という提示も受けたが、彼はそれでは納得しなかった。その理由は、アダットに従えば土地は集団所有なのだから、一括して扱うべきであって、そのうちの何ヘクタール分だけを返還する、という要求に応じることはできない、というものだった。

　ここに現れているアダットの用法は、ライデン学派以来称揚されてきた、相互扶助、全員一致の原則という要素（第 2 章参照）と重なっている。「待つ民の会」の論理は、スカルノ、スハルトの時代を通じて称揚されてきた、個人よりも共同体を優先するというアダット的な理念に依存しているのである。

　では、ここでいうアダットとは、どのような性質のものなのだろうか。注意したいのは、アダットの限定性である。アバ・ナウィが語る「アダット」は、「先祖 (nenek moyen)」という言葉と、現在の「待つ民」を結びつ

けるものである。これは、本章第 1 節でふれたバリの事例で、アダットに基づく規範が、住民に儀礼への参加を求めたり、土地の売買に制限を設けたりといった多面に広がる可能性を持っていたのとは異なっている。また、カリマンタンの事例において、アダットが周辺に住む別の民族集団に対する暴力を正当化しているという事例があることを考えても、「待つ民」にとってのアダットは、適用範囲の限定されたものとなっていることが指摘できる。

「待つ民の会」はアバ・ナウィのもとで、先祖伝来の「アダットの土地」の国有化を問題にしてきた。批判の対象は、現在に至るまで土地を占有している国営の農園会社であり、その状況を容認しているインドネシア政府である。係争の具体的手段は、デモを中心とした抗議行動、そして、その先鋭化したバージョンとしての、係争地への集団移住という実力行使のかたちをとった。しかし、これは農園会社からの強制退去を招き、目立った成果には結びつかなかった。「待つ民の会」は 1999 年以降、国際的な先住民保護運動のなかに、自らの主張の正当性に対する裏付けを見出していくとともに、こうした実力行使ではなく法廷に、その活動の重心を移していくことになるのである。そして「待つ民」は、アダットだけではなく、フクムをも援用した新しいロジックを組み上げることになるのだが、その前に、「待つ民」との協力関係を復活させたデリ王国のスルタンの現在についてみていくことにしよう。

3 スルタン租借地の争点化

クリンケンによれば、近年「地位を向上させている」北スマトラ州のスルタンたちだが、彼らは、いったいどのような人たちなのだろうか。メダンとその周辺の歴史については第 3 章で触れたが、そのなかで登場したムラユ系のデリ王国のスルタンの末裔は、現在でもメダン市内に住んでい

る[11]。

　デリ王国のスルタンの居所であるマイムーン宮殿（写真 6-2）は、1891 年、東スマトラにおけるタバコの生産が急激に拡大しつつあった時期に建設されたもので、広い敷地と特徴的な外観で、メダン市内の観光スポットのひとつである。しかしながら、レンタルして写真撮影ができるムラユの伝統衣装（写真 6-3）と、少々のお土産ものが並べてあるいくつかの部屋を除いては、観光地というよりも、スルタンの関係者の住居という意味合いが強い。ガイドらしき人が何人か常駐し、見学者からの寄付を募っているとはいえ、すぐそばには裏手に住む人々の洗濯物が風にはためいている、といった様子である。宮殿の正面に広がる広場は、政党などが集会のための場所として借りることはあっても、特にムラユ文化をうたったイベントがあるわけでもない。ジョグジャカルタの王宮が、各国からの観光客を集め、管理・運営のために巨額の資金が投入されているのとは、大きな違いがある。

　デリ王国第 13 代目のスルタンである故ティト・オトマン（Titto Ottoman）（写真 6-4）は、インドネシア空軍の中佐であった。1998 年に即位したのちに、2005 年 7 月、勤務中に乗っていた飛行機が着陸に失敗し、39 歳で亡くなっている。スルタンの葬儀はスルタンが行わなければならない、というムラユのアダットによる取り決めに従って、その翌日に即位したのが、長男でまだ 8 歳のアルヤ（Arya）（写真 6-5、6-6）である。

11　メダン市内に居住しているのはデリ王国の旧王族だけではない。スルダン王国のスルタンであるトゥンク・ルックマン・シナール（Tengku Luckman Sinar）氏は、メダン市内に居を構え、ムラユのアダットの専門家として活動している。多数の著書の中には、英語に訳されているものもあり、メダンの歴史、ムラユの伝統衣装や、言い伝えなど、そのテーマは多岐にわたる［Sinar 1988; 1993; 1994］。そのほか、市内の複数の大学で講義を行い、各種のリーフレットは、東スマトラのアダットを理解する上での資料として参照されている。

写真 6-2：マイムーン宮殿の内部

写真 6-3：ムラユの貸衣装で撮影された記念写真

写真 6-4：故ティト・オトマン

写真 6-5：アルヤ

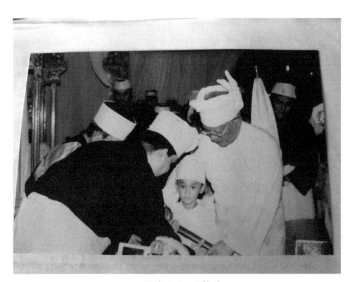
写真 6-6：即位式

彼が第14代目のスルタンということになる。成人するまでは、親族であるハムディ・オスマン（Hamdy Osman）氏がスルタンの代理人となっている。

　デリのスルタンとその周辺は、スルタンが国軍の指揮官の地位にあったことにも表れているように、地方エリート層を構成している。第14代のスルタンの母方の祖父は、元南スラウェシ州知事であり、また、デリのスルタンの親族は、マイムーン宮殿に加えて、1909年に完成した、メダン市内で最大のモスクであるマスジッド・ラヤの運営にもあたっているなど、メダンの有力者である。

　現時点では、スルダン王国、デリ王国のスルタンいずれに対しても、アダット復興は目立った影響を与えていないようにみえる。メダン市制開始の記念日などで、市長がムラユ文化の振興を唱えることはあっても、ムラユのアダットは、良くも悪くも、脱政治化が徹底しているといえるだろう。こうした状況を背景に進行しているのが、植民地支配期までさかのぼる、デリ王国のスルタン租借地をめぐる一連の民事訴訟なのである。

スルタン租借地への注目

　デリ王国の土地問題に対する姿勢は、国有化された土地をめぐる権利を争っているという点では、前節で登場した「待つ民の会」と共通している。しかし、彼らのあいだにある差異は、デリ王国がフクムを積極的に動員していることである。「待つ民」の関心が住民の生活環境にあり、居住・耕作できる状態を回復することを重要な目標としているのとは異なり、スルタン周辺が問題視するのは、国営企業が土地を占有していることそのものではない。彼らは、土地に関する法的手続きの、より技術的な側面に的をしぼって、国営企業の主張を突き崩そうとしている。

　係争の相手も国営の農園会社だけではなく、農園会社から土地を買った買い手、そしてそれを登記した公証人（notaris）までを対象としている。そして主な活動はデモではなく、明確な境界を持つ、ある一区画の土地を

めぐる訴訟である。そして係争地としては、現在のプランテーション用地だけでなく、転売ののち他の用途に利用されている土地もふくまれている。いずれの場合でも、デリ王国の関係者は、その土地がもともとスルタン租借地であったこと、そして国営企業は転売する権利を持っていないことを立証するための、証拠集めに取り組んでいる。

彼らが「ムラユのアダット」として重視するのは、伝統文化であり、第2章で述べたところの「封じ込められたアダット」である。「待つ民」にとっての「ムラユのアダット」が、土地と自分たちの結びつきを中心にしていたのに対して、彼らは自身の「ムラユ」性を、会議の後に、メダン市内でも数の少ない、ムラユ料理をうたうレストランに昼食をとりに出かけたり、自宅に「ムラユ音楽」のバンドとダンサーを招いて外国人の客をもてなしたりといった行動で表そうとする。

ムラユのアダットは、デリ王国の正当性を保証する不可欠な要素であり、アダットを称揚する「待つ民」の主張に正面から対立することはないが、アバ・ナウィがキータームとする「アダットの土地」よりも、「スルタン租借地」が重要になってくることに注目したい。デリ王国が試みているのは、まず、土地の権利にまつわる手続きの正しさ、すなわちフクムの整合性を問うことなのである。

以下では、デリ王国が「待つ民」に接近する以前に行っていた土地紛争を検討することにしよう。訴訟の数は数十件にのぼるため、すべてを扱うことはできないが、スルタン租借地が初めて法廷に持ちこまれたといわれる事例と、その直後に起きた、スルタンと住民との関係を問う訴訟について、その経緯を追ってみよう。

事例（1） タマン・マリブ訴訟——スルタン租借地という問題系の成立

メダン市内中心部が係争地となったタマン・マリブ訴訟は、スルタン租借地をめぐって長期化した紛争事例として、メダンの法律関係者のあいだではよく知られている。訴訟手続きに関わった弁護士の一人は、スルタン

租借地が法廷で争われた最初の事件ではないか、との見方を示していた。では、この訴訟においては何が争点になり、訴訟はどのような経緯をたどったのだろうか。

1991年にジャカルタ行政裁判所から始まって、高裁、最高裁、さらに再審へと、タマン・マリブ訴訟の期間は10年以上に及んだ。判決の内容は二度翻った末に、原告の敗訴という判断が下された。長い訴訟の過程では、これまで問われることのなかったスルタン租借地の正当性について、新たな見解や証拠が付け加わっていった。そしてこうしたやりとりが、その後のデリ王国のスルタンの土地問題への対応に影響を与える。判決文は、スルタン租借地がひとつの問題系として確立していく様子を記録しているのである。

1991年にジャカルタの行政裁判所に対して訴えを起こしたのは、デリ王国のスルタンの血筋をくみ、ダトゥ（Datuk）などの称号を持つ13人で、被告は、土地登録局（Badan Pertanahan Nasional）・北スマトラ州政府・メダン市庁・インドネシア共和国軍、さらに軍から土地を買い取った不動産デベロッパーだった。

原告によれば、係争地は現在国有地となっているが、1935年11月23日付の契約に基づく、スルタン租借地第1号に該当する。この土地は故ダトゥ・ムハマド・チェア（Datuk Muhammad Cheer）氏がデリ王国のスルタンから取得したもので、1950年には正式な登記も行われている。したがって、1958年に死亡したチェア氏の相続人である原告こそが、土地の正当な所有者である。

原告は、所有者の承諾なしに、国有地の転売というかたちで宅地開発が進んでいるのは不当であるとし、工事の差し止めと、関係する諸団体から約1兆5千億ルピアという高額の損害賠償を請求した。被告らはこれに対して、土地に関する権利取得の手続が正当であることを主張して争った。

1993年に出された第一審の判決、および、1993年のジャカルタ行政高等裁判所での判決は、原告の訴えを退けた。しかし原告は、1995年に最

高裁へと上告する。そして、損害賠償こそ認められなかったものの、建物の建築許可や用益権は無効であるとの判決を得て、同年に勝訴する。これを不服とした被告はさらに、翌1996年に再審（*Peninjauan Kembali*）を要求し、1997年、問題になったスルタン租借地第1号は偽造であるということを認めさせて判決を覆す。

　時効、代理人契約の不備、原告らが補償金を既に受け取っていることなど、いくつかの争点のなかで、スルタン租借地の真偽も争われ、当時のデリ王国のスルタン自身も積極的に関与している。

　当時のスルタンであった12代目のアズミー・プルカサ・アラム・アルハジ（Azmy Perkasa Alam Alhaj）氏は、北スマトラ高等裁判所に、被告側、デベロッパー側の証人として出廷している。スルタンが行った証言の要点は、原告側が論拠としている1935年11月23日付の「スルタン租借地第1号」は存在しない、というものだった。スルタン租借地の第1号は1909年発行である。そして、それぞれの租借地についている番号は通し番号で、重複するものはない。したがって、1935年11月23日付のスルタン租借地は、メダン市内の別の場所にある第603号にあたる。

　さらに再審の際には、再審の必要性を生じさせた新しい証拠として、1869年の別の契約が提示された。この契約は、係争地と同じ土地を対象としたものであり、1944年までが租借期間となっていた。したがって、原告の主張が正しいとするならば、係争地を租借する契約が切れる9年前に、別の契約が結ばれたということになる。被告は、このことは不自然であり、新たに契約を結ぶことはありえない、と主張した。これらの争点はテクニカルなものであるが、スルタンの証言からは、高等裁判所での審理から、最高裁判所における再審までの約4年間に、スルタン租借地についての調査が進んだことがうかがわれる。

　原告が敗訴したことで、住宅地の開発は予定通り進められ、係争地には現在多くの邸宅が立ち並ぶ。しかし、スルタン租借地第603号については別の紛争がメダン地裁に提起され、また、租借契約の偽造が刑事事件と

して争われるなど、タマン・マリブ訴訟は行政事件のみならず、民事および刑事事件へと広がって注目を集めた。こうしてスルタン租借地は、正当性を問う余地のある問題系として成立し、さらなる訴訟へとつながっていく。

事例（2）国軍の官舎訴訟——問われるアダット共同体

　2004年1月6日に、メダン地方裁判所に提起されたこの訴訟では、インドネシア共和国空軍の官舎の住民が原告となって、空軍・空軍から官舎の土地に関する権利を買い取った不動産デベロッパー、それに土地登録局を加えた三者を訴えていた。住み慣れた場所を離れることを拒む原告と、あくまでも立ち退きを求める被告との見解は、当初の居住契約や補償金の支払いなど、様々な点で食い違いをみせていた。

　しかし、裁判のなかで争点になったのは、居住契約や補償金だけではなく、デリ王国のスルタンによる土地所有の正当性であった。官舎になっている土地はスルタン租借地に含まれており、原告は、スルタンからの贈与（hibah）を根拠として、官舎の土地の所有権を主張したのである。そして、スルタン側も関与した審理からは、デリ王国のスルタンの、土地紛争に対する立ち位置が変化していく兆しを読み取ることができる。

　原告となった住民138人の訴えによれば、原告は、この地域のアダット首長にあたるデリ王国のスルタンからの贈与に基づいて、係争地を所有している。贈与を受けたのは、1997年7月25日である。係争地については、1860年12月4日に租借契約が結ばれており、かつてのスルタン租借地である。租借契約の期限は1944年12月3日で、土地についてのスルタンの権利は独立後も持続しており、1960年農地法によれば、空軍は土地の所有者ではない。スルタンが公共の利益のために国に貸し出した土地が、ポロニア空港、および空軍の官舎となっている。したがって、贈与には法的な効力がある。

　また原告は、係争地にある官舎に、空軍に勤め始めてから定年を迎えた

現在まで、平均して25年間住んでいる。1995年の最高裁の判例に従えば、もし土地が第三者に転売される場合でも、まず現在の住民が優先され、空軍が原告の許可なしに土地をデベロッパーに売却したのは違法である。また、紛争が生じていることを知りながら、建築許可を申請したデベロッパー、および承認した土地登録局の行為も違法である、という。

これに対して被告側はまず、原告の中に、既に死亡している人物が複数いることなど、手続きの不備について指摘した。加えて、土地の権利については、もともとスルタンの私有地ではなく国有地なのであるから、原告に贈与することはできない、と主張している。また、仮に贈与することが可能であったとしても、行われた贈与の手続きでは、公証人による正当な証書（*sertifikat*）を作成していないので、法的な効力はない、との答弁を行った。

2004年10月27日の判決で判事は、双方の主張を踏まえて、スルタンから住民への贈与は有効なのか、土地はそもそもスルタンの所有であるのかという点を問題にする。まず歴史的には、デリ会社は1869年に当時のデリ王国のスルタンから係争地を含む土地を租借しており、租借期間は1944年12月3日までの75年間である。現在のスルタンが住民に8ヘクタールの土地を贈与したのは1997年6月25日であるが、被告側の証拠からは、係争地は1960年以降国有地になっており、国には使用権がある。また、原告の官舎の占有は、軍と交わした官舎居住契約に基づいている。土地の一部については、すでにデベロッパーが建築権（*Hak Guna Bangunan*）を持っている。

以上の点については原告・被告ともに認めているところなのだが、これらを総合すると、1960年以降、軍が所有していた土地を、1997年にスルタンが贈与した、ということになる。この点に関して、土地の所有者たるスルタンから、適切な手続きに従って贈与を受けたとする原告と、この贈与の有効性を否定する被告とのあいだで、意見の対立が生じている。

土地を贈与するためにはまず、贈与する側が土地の所有者（*pemilik*）で

あること、さらに不動産が対象であるなら、民法1682項に従って、公証人の作成した書類が必要とされる。では、この贈与は、民法が定める贈与として有効であるのか。原告とスルタンとのあいだに詐欺や強制などはなく、契約した主体のあいだでは贈与契約は成立している、としたうえで、判決文は、スルタンに土地を贈与する権利があるのか、について検討を進める。

結論として判決は、1944年に租借期間が終了したのち、土地がスルタンの所有であることを示すような法的事実はない、との見方を提示するのだが、その際の根拠となるのが、1960年の農地法の規定であり、アダットに基づく地域共同体、アダット共同体（*masyarakat adat*）の不在である。

農地法によって土地制度が統一されてのち、1960年以前の土地の所有権は、土地登録局での手続きによって、土地法に基づく権利に変換（*konversi*）することができる。したがって、もし土地がスルタンのもので、そして1944年にスルタンの所有に戻っていたなら、スルタンは現在までのどこかの時点で、土地権を変換するための手続きをすることができたはずである。

逆にいえば、農地法によってスルタン制は廃止され、自動的に特定の土地に対する権利も廃止されたため、スルタンであっても、政府が発行する権利証がないかぎり、土地に関する権利を主張することはできない。土地の所有者となるためには、農地法第2条にしたがって、スルタン租借地に対する権利も含めて、農地法に定められた所有権に変換しなければならない。

原告は、スルタンがアダット首長であると主張しているけれども、アダットによる土地所有は、農地法第13条の定めるところでは、公共の利益に反しない限り、そしてアダットに基づく地域共同体が存続している限りにおいて例外的に認められるのみである。したがって、ただ単にスルタンがアダット首長を自称しても、それは土地についての権限を持つことには結びつかない。今日まで、アダットに基づく土地として存在しているか

どうかについては、別の証明が必要である。

　以上の条件に照らし合わせると、係争地については権利の変換も登記も行っていない状態である。また、アダット首長としてスルタンが土地の所有者であるというのは、根拠の不足した一方的な主張にすぎない。したがって土地は国有地であって、所有者でないスルタンが贈与することはできない。また、この贈与は土地登録局での手続きも経ていないので、法的な効力が認められない。というわけで、贈与に基づいて原告が土地を所有しているという主張は認められない。

　さらに、原告が取り交わした居住契約によれば、退職して3か月以内に立ち退くことが定められているので、空軍側の立ち退き請求は適切といえる。強制退去についても、事前に住民にも周知していて、二度確認した後に行われたので、違法行為とは認定できない。この判決を下した判事は、筆者に対して「自分のものではないものを人にあげるというのはおかしい、というだけのことです」と語っている（2006.2.1）。

　上に引用した判事の口ぶりからは、官舎用地が国有地であり、スルタンの個人所有ではないことは自明であるかのようだが、実際の判決をみてみると、アダット共同体が大きな争点になっていたことがわかる。国軍の官舎訴訟の判決では、スルタンの土地所有は否定されたものの、その説明の一部には、「アダット共同体の不在」という表現があった。この表現を逆にしてみれば、住民がスルタンをアダット首長として認めるならば、それに付随して土地所有が現在でも認められるという結論が導き出せる。

　前節で述べたタマン・マリブ訴訟の過程で、スルタン租借地の真偽が問題になったことは逆に、「本当の」スルタン租借地であることを証明すれば、土地の所有権を主張できる可能性を示すこととなった。しかし国軍の官舎訴訟の判決では、植民地支配期の租借契約だけではなく、アダット共同体の不在が問われた。その後、スルタン租借地の問題は開発の進むメダン市内から地理的に拡大し、スルタンの権威を認めるアダット共同体としての「待つ民」との協力関係へと向かう。「待つ民」もまた、ポスト・ス

ハルト期の権利主張の方法として、裁判を積極的に選択していく。ではその後、スルタン租借地をめぐる紛争は、どのような展開を見せていったのだろうか。

4 「待つ民」とスルタンの接近

　以下では、タンジュン・ムリアと呼ばれる地区を舞台とした訴訟の経過と、この訴訟が東スマトラの土地問題にもたらした影響について論じる。「待つ民」の主張を最高裁が認めたことをひとつの契機として、「待つ民」とデリ王国のスルタンとは再び協力するようになった。そしてこの協力関係の再構築に並行して、アバ・ナウィが重視していた「アダットの土地」から、「スルタン租借地」へと土地問題の争点が移行していったのではないか、という視点を提示したい。

事例（3）タンジュン・ムリア訴訟──「待つ民」への承認
　「待つ民の会」の活動方針にとって転機となったのが、1999年から2006年にかけて争われた、タンジュン・ムリア（Tanjung Mulia）地区の土地の所有をめぐる訴訟である。この訴訟で「待つ民」の主張を認める判決が出たことが、法廷における闘争に積極的にかかわっていくという、現在の活動方針に影響を与えている。では、このタンジュン・ムリア訴訟では何が問題になり、判決はどのようなかたちで「待つ民」の主張を認めたのだろうか。
　1999年10月18日、メダンに隣接するデリ・スルダン県の県庁所在地であるルブック・パカム（Lubuk Pakam）市の地方裁判所にこの裁判を提起した原告は、この地区に住む「待つ民の会」のメンバー745人で、メダンの法律扶助組織（Lembaga Bantuan Hukum）に所属する弁護士が弁護にあたった。被告は、第二国営農園会社、農地担当大臣、および森林／プランテーション担当大臣の三者であった。

農民による組織と国営企業という、社会的地位からいえば大きな差のある両者が対立するという構図にもかかわらず、「待つ民の会」は勝訴した。これがこの「タンジュン・ムリア訴訟」の画期的な点である。1999年に下された地方裁判所の判決でも、2000年の高等裁判所判決でも、そして2006年1月23日の最高裁の判決でも、原告の主張が認められた。では、原告および被告の主張の内容をみてみよう。

　原告であるタンジュン・ムリア地区の住民は、自分たちは先祖伝来の集団的所有権によって、アダットの土地を所有していると主張した。原告によれば、原告の先祖は東スマトラのアダットに従って農業を行っていて、森林の開拓はアダット首長によってコントロールされていた。そして、アダットに基づくこの権利は、アダット共同体そのものが変化、あるいは消滅したときを除いて、誰も変えたり消したりすることはできず、スルタンとオランダとの租借契約の中にも明示されている、という。しかし第二国営農園会社は、原告の権利が認められているにもかかわらず、原告から租借した土地から多額の利益を得たばかりか、原告に対して暴力をふるったり、家や礼拝所を破壊したりといった違法行為を行った。1999年7月3日には、農園会社の関係者が一方的に原告の収穫をひかえた作物を荒らし、「待つ民の会」の事務所に放火した。原告は、このように現状を説明し、農園会社から受けた物質的・精神的被害に対する損害賠償、および慰謝料を請求した。

　これに対して被告である農園会社は、係争地について長期用益権（*Hak Guna Usaha*）の正当性を主張した。被告側によれば、そもそも原告の起訴状には、原告のリストに住所、年齢などの必要事項が不足していること、農園会社に長期用益権を認めたデリ・スルダン県の土地登録局が被告にふくまれていないこと、問題になっている土地の境界があいまいであるという三点の不備がある、という。また農園会社は、1995年2月3日に係争地に対する長期用益権証書を取得しており、これは1965年の農業大臣決定に基づいている。したがって被告側は、原告は、土地に対する何の権利

も持っていない、との見解を示した。続けて被告側は、農園会社の関係者が、原告が育てていた作物や住居などの撤去作業をしたことは事実だが、敷地内への不法侵入に対応するのは正当な行為であって、原告の主張には根拠がなく、賠償責任も発生しない、とした。

　以上のような被告の弁論ののちに、原告側から土地の租借契約など37点の証拠が提出され、4人が証言台に立った。最初の証人は、「待つ民の会」の当時のリーダー、アバ・ナウィで、彼は、アダットを根拠とする「待つ民」の権利は、オランダ植民地政府との租借契約が定めているとおりだ、と述べている。アバ・ナウィによれば原告は、「待つ民の会」に所属するアダットに基づく地域共同体であり、「待つ民」の一員として、アダットの土地を耕作する権利がある。その根拠は、争われている土地は、1898年7月24日付の租借契約によってオランダ植民地政府に租借されたもので、契約書には、タバコを収穫したあとの土地を付近の住民が耕作することが明記されていることである、という。アバ・ナウィは続けて、この条件は、インドネシア共和国が独立したあとも有効であって、スカルノ大統領からもかつて、土地を返還するようにという指示が出ている、と主張した。また、残る3人の証人はいずれもタンジュン・ムリア地区の近隣住民で、国営企業による強制撤去を目撃したことについて、それぞれ証言した。

　これに対して被告側は、用益権の権利証など三点の証拠を提出し、被告側の証人は5人出廷している。最初の証人はプランテーションを頻繁に訪れていたという宗教関係者で、それに続いたのが国営のプランテーションで働いていた元職員三名、そして最後の証人は土地登録局の管理職であった。プランテーションの元職員の証言によれば、彼らが勤務を始めた当初は、タバコの収穫後には休耕期間があったが、1982年以降、休耕地にはサトウキビを栽培するようになったという。また元職員のひとりは、アダット共同体に属する周辺住民による農作業に言及している。彼によれば、以前はタバコを収穫するたびに近隣の住民が農業をしていたが、最近

は国営企業がそれを許可していない、という。最後に証言をした土地登録局の職員は、デリ・スルダン県土地登録局の土地問題解決部の長で、専門家証人として証言を行った。彼は、用益権の権利証を出すさいには、関係者のあいだにトラブルはなく、1995年に認められた用益権は35年間有効である、と述べた。

その後、2000年1月27日に地方裁判所の判事が現地を視察し、同年3月2日に判決が下された。判事が提示した争点は、農園会社に長期用益権がある土地で、原告が耕作する権利はあるのか、そして農園会社による住居や農作物の強制撤去は正当な行為であったのか、の二点であった。判決の論理構成をみてみよう。

判決のなかではまず、かつての租借契約における住民の扱いが確認された。原告側の証拠によれば、問題の土地は、かつてオランダとデリ王国のスルタンが租借契約を結んだ地域である。1898年の租借契約の中には、近隣住民の権利を認める条項があり、第9項には、タバコの休耕期に住民が土地を利用することができるという規定がある。そして、土地を農園として利用することの対価として周辺住民がかつて農業を行っていたことは、被告側の証人も証言しているところで、農園会社がそれを現時点では認めていない、ということである。

つぎに判決は、農地法におけるアダット共同体の保護について、以下のように論じる。歴史的にみれば、1960年農地法が定めるように、インドネシアの法体制のもとでは、アダット共同体の権利を保護しなければならない。アダット共同体の権利と、長期用益権とは平等に扱われるべきものである。したがって農園会社は、かつてオランダがしていたように、近隣住民に配慮して、住民の生活のために土地を残しておくなどの対応をとる必要がある。

こうした経緯をふまえて、判決は二つの争点について次のような判断をしている。まず、たとえ農園会社の長期用益権が認められている土地であっても、原告がその内側に立ち入って米やとうもろこしを植えることは、

現地のアダットに基づく行為といえる。つぎに、農園会社による住居や農作物の強制撤去については、原告側の証言によれば、原告が耕していた土地は、農園会社が商業作物の栽培に利用していない部分であった。したがって、農園会社が原告の住居や農作物を撤去したのは不当であり、住民の権利の侵害にあたる。

判決はこのような論理構成のもと、政府の責任を問わず、農園会社に対してのみ、住居、農作物、事務所への被害に対する損害賠償約11億ルピアに加えて、慰謝料として原告一人一人に50万ルピアを支払うことを命じた。

地方裁判所におけるこの判決を不服とした農園会社は、判決の10日後に北スマトラ高等裁判所に控訴したが、2000年10月6日の判決においても原告の主張が認められた。被告はさらに11月28日に最高裁に上告（kasasi）したが、2006年1月23日に出された最高裁の判決もまた、農園会社による周辺住民への補償の必要性を認める内容のものだった。7年間継続したタンジュン・ムリア訴訟はこうして、原告である「待つ民」の主張を認めるかたちで収束したのである。

こうして「待つ民」の権利は、租借契約の条項を参照することで認定された。より厳密には、土地に対する所有権が認められたわけではなく、農園の敷地内で農耕をする権利がある、ということではあるのだが、法的手段によってある成果を得たことは、誰にとっても明白であった。そして、ここまで交わることのなかった「アダットの土地」と「スルタン租借地」についての言説が一本の線で結ばれ、裁判を継続しようとする「待つ民」と、アダット共同体による承認を求めるデリ王国のスルタンとのあいだで、協力関係の余地ができていく。

タンジュン・ムリア訴訟後の変化——協力関係の再構築

以下では、タンジュン・ムリア訴訟が「待つ民」にとって有利に展開していることを受けて成立した、「待つ民」とデリ王国との協力関係につい

て記述していく。これまで没交渉であった「待つ民」とデリ王国は、アバ・ナウィの死によってリーダーが交代する1年前、2005年の時点で、協力しあって訴訟に取り組むという方針を設定していた。そして2006年には、初めての訴訟が提起されたのである。

　2005年4月9日、「待つ民の会」のメンバーとデリ王国の関係者は、土地問題への対応をめぐる会合を開いた。会場は、メダン市内南部、中心部からは少し離れた場所にある、「待つ民の会」の活動拠点である。会議の場所は、木造高床式という簡素なつくりの建物で、周囲には、これまでの活動に関係する資料が掲示してあった。ベニヤ板数枚に貼り付けてあるのは、抗議活動の際の写真や、これまで政府が発行した各種の書類をコピーしたものである（**写真6-7**）。照明のない薄暗い室内に入ると、デモの際に使われる横断幕（**写真6-8**）や、関連する団体のポスターが壁に掲げられ、棚にはこれまで発行された小冊子などが並ぶ。

　当日会場には、15人ほどの人々が集まってきた。彼らは、デリ王国の王族が数名と、スルタンの依頼を受けて土地問題を担当している二人の法学者、そして「待つ民の会」のメンバーであった。この日も会話をリードしたのはやはりアバ・ナウィで、デリ王国の側からは、おもに法学者のひとりヘルマン氏が発言し、「待つ民の会」の土地に対する権利を支持する、という姿勢を示していた。

　前節でも述べたとおり、「待つ民の会」とデリ王国とのあいだには、新秩序体制下ではほとんど交流がなかった。「待つ民」にとっては、交渉の相手はまず国営企業であり、政府であった。特にアバ・ナウィにとっての問題の端緒は、共和国の独立後であった。国に奪われた先祖の土地の返還を求める、という彼の主張のなかに、スルタンが登場する余地はない。逆に、公的にスルタン制が解体された後も、政府に協力的な姿勢をとり、国軍など体制側の一因として活動してきたデリ王国の関係者にとって、国有地をめぐる係争に関わることは、社会的地位を危うくするリスクをともなっただろう。

写真 6-7：抗議活動の際の写真

写真 6-8：横断幕

しかし、この日のやりとりのなかでは、デリ王国のスルタンが「待つ民」の権利を認めること、今後デリ王国と「待つ民の会」が協力して、訴訟を通じて法的な解決を求めていくことが確認された。会議は30分程度と決して長いものではなかったが、確認された基本方針にしたがって、訴訟が提起されることになった。つぎに、その後の裁判での証言の様子をみてみよう。

この会議から1年あまりが過ぎた2006年6月28日、ルブック・パカム地方裁判所（**写真6-9**）において、デリ王国のスルタンが、「待つ民」と協力して提起した裁判の審理があり、両者の証人がそろって証言をした。同行した弁護士は、デリ王国のスルタンが個人としてではなく、組織として原告になるのは、この裁判が初めてだと述べていた。

原告側の最初の証人として証言台に立ったのは、1年前の会合にも出席していた法学者のアディ氏で、デリ王国側が証拠として提出した租借契約の写しについて、判事の質問に答えた（**写真6-10**）。判事の関心は、この書類がどの程度信頼に足るものであるのか、という点にあり、証言のなかでは、コピーを入手した細かい経緯や、証人のオランダ語の能力が問われた。

アディ氏の証言によれば、この書類は、原告の依頼を受けて、アディ氏自身がオランダ、ハーグの公文書館から2005年12月に複写してきたものである。インドネシアの民事訴訟法では、証拠は原本に限ると定められているが、公文書館の史料を持ち出すことはできない。彼は、公文書館の公印が押されている部分を示し、その内容をインドネシア語に翻訳しながら、この複写が不正なものではない、と述べた。また、複写のさいにどのような手続きが必要なのか、という判事の問いに答えて公文書館の入館証を呈示し、ライデン大学でオランダ語を学んだ経験がある、とも述べた。

続いて、アバ・ナウィの後継者として「待つ民の会」のリーダーとなったブディ氏の証言が行われた。判事はブディ氏に「待つ民の会」の概略について尋ね、ブディ氏はタンジュン・ムリア訴訟での勝訴に言及しながら、

写真 6-9：ルブック・パカム地方裁判所

写真 6-10：証言するアディ氏

係争地において、「待つ民」の権利が現在失われていることについて語った。もし勝訴した場合、土地をどうするのか、という判事の問いかけに対しては、そのことが「待つ民」とデリ王国との土地に対する関心の違いを顕在化させる可能性があるにもかかわらず、「デリ王国のスルタンのものになる」と答えていた。

「待つ民」とスルタンの協力関係を支えるロジック

　前節では、スルタン側の代表と「待つ民」の代表のそれぞれが、法廷において証人となったときの様子について描写した。つぎに、彼らが土地問題についてどのような意見を持っているのかについて、もう少し詳しくみていくことにしよう。「待つ民」とスルタンとの協力関係は、どのような基盤のうえに成り立っているのだろうか。

　現在、デリ王国のスルタンのいわば法律顧問を務め、土地問題への対応にあたっているのが、ヘルマン氏と、前節で証人として登場したアディ氏である。学生時代からの友人どうしでもある二人は、ともに地元の大学で法学部の教員として勤務しているほか、NGO や法律相談などにも関わっている。彼らはスルタン租借地について、どのように現状を把握しているのだろうか。

　彼らがプランテーション問題に関わりはじめたのは、20 年ほど前、二人がまだ学生時代のことだった。アディ氏は 1995 年に、北スマトラ州のプランテーションについての修士論文を執筆している。当時の研究テーマは、プランテーション労働者の社会保障で、労働者の民族集団が異なることから生じるアダットの対立に注目して論じたという。前節での証言にもあったように、オランダへの留学経験のある彼は、現在法学部で法人類学の授業を担当するかたわら、子供の権利保護に取り組む NGO も主催している。他方でヘルマン氏は、現在インドネシアでも注目が集まりつつある知的財産権についての講義をしながら、自宅の一部をオフィスとして、各種の法律相談を受けている。法的な論理構成に力を入れているのは、おも

にヘルマン氏である。

　ヘルマン氏は、東スマトラのプランテーションと植民地主義との結びつきを否定して、デリ会社のプランテーションは、あくまでも「普通のビジネス」であるという独自の理論を展開する。東スマトラに進出していたのはオランダのプランテーション会社だけではなく、イギリスやベルギーなどの会社も同様の手法でプランテーションを経営していた。ヘルマン氏によれば、これらのプランテーションが、日本の占領期に日本のものにならなかったことは、プランテーションが植民地主義の産物ではなく、ごく普通のビジネスであることの証拠であり、プランテーション経営が普通のビジネスである以上、租借契約は民法1338条が定める正式な契約で、現在でも有効なものとして扱わなければならないのだ、という。

　ヘルマン氏は、租借契約を正式なものとするならば、現在にいたるまで土地の正当な所有者はデリ王国のスルタンであり、1958年に行われた土地の国有化は政府の犯した誤りである、という。彼はさらに、インドネシア共和国の独立後から現在にいたるまで、イギリスやベルギー系のプランテーションが私企業によって運営されていること、マイムーン宮殿はデリ王国のスルタンのものとして保存されていることを指摘して、オランダのプランテーションだけが国有化されたことに疑問を投げかける。

　彼らは土地問題については、1958年の国有化によって移転したのは、土地を用いて利益を得る権利としての「長期用益権」だけで、土地を売ることのできる「所有権」（*Hak Milik*）は一貫してスルタンにある、と主張する。したがって、国営企業は土地を利用することはできても売る権限はなく、1980年代に、国営企業から別の個人あるいは私企業に土地が転売されたことは違法行為ということになる。

　これを論拠として彼らは、国営企業と、土地の買い手を相手取って訴訟を提起してきた。プランテーションの土地に関する権利の回復を求める、という部分については「待つ民の会」と関心を共有しているが、彼らはムラユのアダットには言及せず、あくまでも法的な論理を構成することを目

第6章　スルタン租借地をめぐる訴訟群の成立

指している。「待つ民の会」のように、デモによって政府との交渉の可能性を探るというやり方は選択肢にはなく、積極的に裁判所で争っていくという方針をとっている。

　ヘルマン氏が、「「待つ民の会」は、文書の証拠がないから、負けてしまうのです」と述べるように、訴訟を有利に進めるうえで重要になるのは、ムラユのアダットよりも、むしろ文書や証言といった、法廷で提示する証拠である。ヘルマン氏によれば、判事はアダットを知らないし、先例にしたがっているだけなのである。アディ氏の元教え子など、個人的ネットワークによって組織された7人の弁護士たちは、ある土地がもともとスルタン租借地であったこと、そして国営企業は転売する権利を持っていないことを立証するための、証拠集めに取り組んでいる。2005年には、ヘルマン氏とアディ氏はオランダの公文書館に出向いて、デリ会社と当時のスルタンが20世紀初頭に結んだ契約書のコピーを取得している。これらの費用は、すべてスルタン周辺が負担しているという。

　以上、デリ王国のスルタンの方針決定にかかわっている人々についてみてきた。このようにしてスルタンの法律顧問は、19世紀以降の権利関係について、細かく洗い出していくという作業を行っており、インドネシアにおける土地所有に内在する問題をついた彼らの訴訟は、補償金の支払いなど、一定の対応を相手方から引き出すという結果に結びついている。彼らは、裁判準備のために法律の用語を用いて主張を構成することに、ある手ごたえを感じており、スルタン租借地の所有権を正当化する論理を組みあげている。アダットとフクムの関係を考察するうえで重要なのは、彼らが、ムラユのアダットを間接的にはよりどころとしながらも、土地の扱いをめぐる規範としてのアダットの限界について鋭く意識したうえで、訴訟という手段を選択していることである。

　では次に、前節で紹介した訴訟のもう一人の証人、アバ・ナウィの息子で、彼の後継者となったブディ氏（**写真 6-11**）の土地問題への姿勢についてみていこう。アバ・ナウィと彼はいくつかの点について立場を異にし

写真6-11：ブディ氏

ている。その違いを、アダット共同体を単位とした社会保障への関心、法的手段の積極的選択、農業を行うことの強調、という三つの点から整理してみよう。

　まずブディ氏は、アバ・ナウィがあらわにしていた政府への不信感について意識的に抑えた表現を用いながら、「待つ民」の活動目的について、「私たちは、政府をおとしめるようなことをしているようにみえるかもしれませんが、個人として土地を所有するために戦っているのではありません。私たちは、この土地でともに発展していこう、という提案をしているのです。誰かが独占するのではなくて」と語る（2008.2.18）。

　こうした発言に続くのは、土地を返してほしい、というアバ・ナウィの議論から一歩進んだ、いわば農民の相互扶助組織として「待つ民の会」の活動を位置づけようという姿勢である。こうした姿勢は具体的には、「長期用益権が農園会社に与えられているのは事実ですから、あとはオランダ時代と同じように、住民と話し合うべきです。重要なのは、住民の経済状況をよくすることです」と表現される。また、「待つ民の会」の集団とし

ての性質を説明するにあたっても、私利私欲のために土地を求めているのではない、という点に力点がおかれ、「「待つ民の会」には会費はありますが、給料はありません。そして集めた会費は、それぞれの集落でメンバーの住居をたてたりするのに使っています」という。

こうして、「待つ民」の存在意義は、土地の権利をめぐる争いではなく、農民の生活向上のため、政府や農園会社との話し合いを促進すること、と再定義される。そして法的手段を積極的に選択することもまた、この新しい定義によって正当化される。

アバ・ナウィが繰り返し用いていた「アダットの土地」という表現を、ブディ氏は使おうとしない。「待つ民」と土地をつなぐのはムラユのアダットではなく、タンジュン・ムリア訴訟の判決が認めた「農業」である。ブディ氏は、「政府はまずタバコ、それがうまくいかなくなるとさとうきび、それからアブラヤシ、それでもだめなら、転売して宅地化する。こうして土地がばらばらになっていくのを放ってはおけません」と述べ、土地の細分化に対する憂慮を示す。インドネシアには工業にはまだ早い、農業をすればよい、というブディ氏による農業の強調は、少々行き過ぎた感もあるが、耕すことによって土地との結びつきが認められた、というタンジュン・ムリア訴訟の経過を意識したものだろう。

しかしここに現れている、「待つ民」とスルタンの協力関係を危うくする要素にも注意が必要だろう。土地問題が将来的にどのような方向に向かうのかは、今後の経過をみる必要があるが、「待つ民」にとっての勝利であるタンジュン・ムリア訴訟の判決は、より狭い意味での土地所有を問題にするヘルマン氏にとっては、さほど価値のあるものではない。「待つ民の会」は、スルタンの周囲が提供する法律的知識によって訴訟を拡大することを期待しているが、スルタン側の目的には、農地法が定めるアダット共同体としての「待つ民」の存在によって土地訴訟を有利に展開し、デベロッパーから何らかの経済的利益を引き出すことがふくまれている。言葉をかえれば、ヘルマン氏にとってより重要なのは、「待つ民」が耕せるよ

うなプランテーション内の休耕地ではなく、すでに転売されている土地であり、交渉の相手は、第5章に登場したリダ氏のように不動産を取り引きする人々なのである。

5　「アダットの土地」から「スルタン租借地」へ

　本章では、メダンおよびその周辺で起きた、スルタン租借地をめぐる訴訟群について記述してきた。スルタン租借地が問題系として成立するまでの経緯と、その後の訴訟の展開からは、第5章で論じたフクムとアダットの結節点が、具体的な事例のレベルで、時間を追ってどのように移動したのかが明らかになった。ここで、アバ・ナウィによる「アダットの土地」に対する権利主張から、スルタンとの協力関係に基づく「スルタン租借地」訴訟への変化を、もう一度整理しよう。

　アバ・ナウィにとって「アダットの土地」とは、ムラユ系住民である自分たちの、先祖伝来の土地を意味する。非難の矛先は、いま土地を占有している国営農園会社に向くが、第2章でも述べたように、プランテーションは国営農園会社が拓いたものではない。東スマトラのプランテーションはオランダ植民地支配期に開発されたものであって、「待つ民」の起源は、オランダの農園会社が導入した土地利用のシステムにさかのぼることができる。タバコの効率的生産に加えて、周辺住民への補償も意図しているこの仕組みは、当時の農業技術や土地利用の状況、そしてタバコという植物の特質を考慮に入れながら、ムラユ系の住民に条件つきで農園用地での耕作を認めるものだった。

　アバ・ナウィは、デリ会社が「待つ民」に土地の利用を認めていたことに依拠しながら、1980年代から1990年代にかけて、アダットの土地に対する権利主張を展開する。係争地であるプランテーション用地は、独立後に国有化され、国営農園企業が管理していた。プランテーションを円滑に経営して利益をあげることは、新秩序体制下における最優先の課題であ

り、商品作物や農園の範囲も変化し、「待つ民」を組みこんでいた土地利用のシステムはもはや機能していない。しかしアバ・ナウィは、オランダ植民地支配期にムラユの人々が土地を利用していたことを根拠として、土地の返却を求める。先祖伝来のアダットの土地を返せ、という主張は、こうして形成されたのである。

　この時期、アバ・ナウィにとって、法廷闘争は選択肢に入らず、有効なものとして選ばれた手段は、デモおよび集団移住だった。第2章で述べたとおり、フクムは中央集権体制を貫徹するための手段となったため、「待つ民」の主張を裁判所で争うことは困難であった。したがってアバ・ナウィは、土地の所有について、法的な権利関係を整理することよりも、インドネシア政府はムラユのアダットを尊重するのかどうか、という点を問題にした。

　他方でこの時期、デリ王国のスルタン周辺は、「待つ民の会」の活動に関わっていない。独立後、インドネシア政府はスルタン制を公的に廃止し、デリ王国のスルタンは地方エリートとしての地位を固めていた。もし「待つ民の会」に近づけば、公務員としての安定した生活は難しくなっただろう。デリ王国のスルタンが、植民地期に土地の租借契約を結んだ主体として、土地問題に関与するきっかけとなったのが、本章第3節で扱ったタマン・マリブ訴訟だった。10年以上にわたる訴訟のあいだに新秩序体制はゆらぎ、スハルト大統領は退陣する。当初は政府側の主張を補強する証人として法廷に立ったスルタンは、「スルタン租借地」が、裁判所で、つまりフクムの枠組みで争える対象となっていく過程に直接かかわっていたことになる。

　そのころ「待つ民」は、「政府に土地を奪われた先住民」として国内外の関心を獲得するが、「アダットの土地」の返還を軸とする主張は徐々に行き詰まる。地方議会前でデモを繰り返しても目立った成果がないことや、集団移住に対する国営農園会社の激しい反発、さらに本章の冒頭でカロ氏が示していたような、「ムラユのアダット」に対する懐疑的な見方も無視

できなくなる。カロ氏によれば、「ムラユのアダット」をよりどころとして、国有地の所有権を求めることは、単なるエゴイズムの表出にほかならない。「待つ民の会」はこうして、アバ・ナウィの進めてきた活動の進路をどのように調整するか、という問題に直面した。タンジュン・ムリア訴訟（第4節）が提起された背景には、こうした状況があった。

　タンジュン・ムリア訴訟の判決のなかで裁判所は、法律扶助組織の支援を受けた「待つ民の会」の主張を認めた。裁判の過程で細かい検討の対象になったのは、1898年の租借契約の内容だった。2006年の判決で判事は、契約のなかに、タバコの休耕期に住民が土地を利用することを認める規定があることが、「当地のアダットの尊重」の証左となり、1960年農地法が定める「アダット共同体の権利の保護」にあたる、と判断したのである。

　この判断は、かつての租借地すべてについて権利関係を問うことができる道筋を開いた。こうして、中央集権体制のもとで別々の道を歩んでいた「待つ民」とスルタンのあいだの協力関係が、ポスト・スハルト期に入って復活する。「待つ民」は「アダット共同体」、そしてデリ王国のスルタンは「アダット共同体」の「アダット首長」として、19世紀にさかのぼる租借契約と、1960年農地法とを照らしあわせる作業を進めているのである。スルタンの法律顧問は、スルタンのアダット首長としての権利の正当性を、現行の土地法や契約法を引用しながら訴えている。また「待つ民の会」は、新しいリーダーのもと、土地の所有権を求めることや、ムラユのアダットを守ることよりも、係争地で人々が農業を続けていく、すなわち土地の所有でなく利用を軸にすえて、アダット共同体の持つ意味を読み換えようとしている。

　ただし、両者の協力関係は一時的なバランスのうえに成り立っているのであり、東スマトラの土地紛争の解決につながるものではない。両者が必ずしも関心を共有していないことは、前節で言及した「待つ民の会」の事務所で行われた会議が、わずか30分という短さで終了していることにもあらわれているだろう。スルタン周辺は、農業の継続というよりもむしろ、

土地の正当な所有者として、たとえば国有地を購入したデベロッパーから補償を引き出すといったことに関心を寄せる。もし今後、タンジュン・ムリア訴訟のようなかたちで、「待つ民」による土地の利用だけが認められたなら、スルタン周辺が訴訟に協力する動機は、遅かれ早かれ、失われていくだろう。しかしこの時点では、「待つ民」の新しいリーダーであるブディ氏が、証言のなかで「土地はスルタンのものになる」と述べているように、両者の食い違いはまだ顕在化していないといえる。

では次に、このようなアダットの土地からスルタン租借地へ、という争点の変化から、ポスト・スハルト期のインドネシアの法について、どのような考察を導き出すことができるだろうか。本書では、インドネシアにおけるアダットとフクムの関係が、どのような状況で問題となるのか、あるいはならないのかについて、いくつかの視点から論じてきた。こうした問題を設定したのは、第2章で指摘したように、インドネシアの法についてのこれまでの研究では、フクムに抗するアダットのありかたに関心が集まる傾向があるからだ。たとえばスルタン租借地の訴訟は、アダットに基づく人々の権利主張と、フクムを援用する政府・国営企業の対立、という既存の枠にあてはめることもできる。その場合には、国家法の暴力性、およびそれに対する慣習法的実践の抵抗のありかたが問題になるかもしれない。

ただ、本章でみてきたように、旧プランテーション用地をめぐる土地紛争においてムラユのアダットは、周辺住民が農業をする、という租借契約の内容として、あるいは農地法が定めるアダット共同体として具体化する。スルタンの関係者および「待つ民」は、アダットの尊重を求めるが、それは実はフクムを尊重することと不可分になっていて、アダットとフクムとの区別は紛争の当事者のなかで見失われている。この一連の流れにおいては、アダットとフクムは必ずしも対立するものではなく、その境界線を引くことは難しい。

国有地をめぐる紛争がインドネシア各地で起きているなかで、東スマト

ラにおける土地問題の軌跡には、第3章で示したメダンの発展史の影響がある。ムラユの人々は、オランダ植民地支配の歴史を参照し、土地を奪われた先住民として自己定義することが可能で、それはインドネシア国内向け、あるいは外国向けに一定の説得力を発揮する。しかし他方でムラユの人々は、かつてプランテーション開発の恩恵をうけた「恵まれたマイノリティ」である、ということもでき、ムラユの人々の土地にたいする権利は、ローカルなレベルでは決して明確ではない。

　行きづまった状況を転ずるために「待つ民」は、第4章に登場したような、裁判所に日々出入りする人々と同様に、フクムに解決の糸口を見出し、問題を裁判所に持ちこむ。彼らにとって法はアクセス可能なものである。スハルト体制のもとではアダットを封じ込める強固なシステムの一部だった司法制度は、いまや、アダットの後ろ盾として機能しうる。「待つ民」の裁判所に対する視線の変化には、国内の政治状況に加えて、国際的な先住民運動からの刺激も介在しているだろう。

　ただ、訴訟を起こすという「待つ民」のフクムへの参入は、すでに確立した均一な道筋に従うことで進んだわけではなく、第5章で扱ったような独特なしかたで展開する。法律扶助組織が「待つ民」の支援に乗り出したことだけでは、東スマトラにおける土地訴訟の件数が大きく増加することはなかっただろう。「待つ民の会」だけではなく、スルタン側が加わり、彼らが維持しているネットワークを通じて、訴訟を随時メンテナンスすることによってはじめて、スルタン租借地をめぐる訴訟群として成立したのである。

　訴訟当事者の裁判所との関わり方に加えて、判事たちも、それぞれの訴訟ごとにさまざまな要素を加味した判決を組み立て、その内容はその後の訴訟に受け継がれていく。第4章でも示したように、メダン地裁では地方裁判所の判事がアダットに基づいて判断を下すことはないが、そうはいっても、土地の登記ですべてを決することはできない。判事は、夫婦間のいさかいについても、土地紛争についても、両当事者の主張にまずは耳

を傾けたうえで、フクムをふまえたかたちで判決を構成する。たとえば国軍の官舎訴訟の判決は、スルタンに対する疑念を、農地法が定める「アダット共同体の不在」によって説明した。しかしこのロジックは、デリ王国と「待つ民」の協力関係という、判事の意図しないかたちであとの訴訟に影響を与える。インドネシアでは判例集の整備は滞っているが、判例集のようなかたちでまとめられていなくても、当事者たちは一定の範囲内で経験から学び、彼らの主張を補強する材料を獲得しているのである。

　以上のような作業を通じて、ポスト・スハルト期インドネシアの都市における法のありかたの一端が明らかになった。フクムとアダットとの関係は、さまざまな場面で問題になるが、一方が他方を退けるといったように、同じ次元で競りあっているわけではない。両者の区別は、フクムとアダットを問題にしている人々にとってさえ見えにくくなっている。不文律・アダットが、成文法・フクムにとってかわられるのか、あるいはどの程度そうはなっていないのかという議論は、ADR論によって慣習法が法学理論の先端で再評価される現在、問いの立てかたそのものに問題があるといえる。

　将来の展望を描くことは本書のめざすところではないが、これまでの記述と関連するかぎりで述べるならば、アダットが完全に否定されることもないかわりに、フクムに対する信頼感、フクムのもつ正当化の力もやはり無視できなくなっていくことが予想できる。ポスト・スハルト期のインドネシアにおいて、国政上の改革や、新しい法律の制定が地方社会にもたらす変容は決して激しいものではないかもしれない。また先述したように、本章で扱った事例においても「待つ民」とスルタンとの協力関係は非常に危ういものである。しかし、ここまで取りあげたような、法という普遍的な価値に対する意識の広がりはこの事例に限られたものではなく、この傾向は今後も逆戻りすることはないだろう。

| 第 7 章 |

結　論

不断に引きなおされる境界線

本章では、前章までの議論をまとめ、そこから明らかになったことを整理して結論としたい。まず第1節では、各章の議論を振りかえりながら、インドネシアにおける国家法と慣習法の現状について考察する。そのうえで第2節では、第1節でまとめた論点がいかに法人類学に貢献しうるかということについて論じ、第3節では、本書で提示した視点の先にある、法の人類学的研究の見通しについて述べる。

1　インドネシアにおける国家法と慣習法

　第1章では、全体の問題設定を明確にするために、これまでの法人類学の研究蓄積の整理を行った。法人類学は、国家なき社会の秩序を保つ慣習法の研究から出発した。その後、暮らしのなかで生じる様々なもめごとを処理するプロセスに注目した時期を経て、ひとつの社会に複数の法システムが併存しているという、法多元主義に立った議論を蓄積してきた。法多元主義が国家法と他の規範との共通性を強調する一方で、環境問題や知的所有権に関わる現代型訴訟などについて人類学者は、法では解決できない現状の複雑さを指摘する。法の人類学的研究は、この二つの視点のくいちがいにどう取り組むか、という課題を抱えているのである。これに対して筆者は、慣習法についての分厚い研究の蓄積があるインドネシアにおいて、現在、国家法と慣習法の両者が実際にどのように運用され、両者がどのような関係にあるのかを明らかにすることを、問題として設定した。

　この問いに答えるために、第2章でまず、インドネシアにおける国家法（フクム）と慣習法（アダット）の概念について検討した。従来の研究はアダットを、多元的な法体制の重要な柱であると理解してきた。これに対して第2章では、そうした理解がフクムおよびアダットの特定の側面を強調したものであることを指摘して、両者の関係を歴史的な流れの中で再検討することを試みた。

　法としてのアダットという概念を作り出したのはオランダ植民地期の法

学者であり、それは植民地の人々に固有の法を認める、という意味あいを持っていた。それぞれの民族集団の固有性を象徴する、というアダットの位置づけは、インドネシア共和国の独立後も持続したが、他方で大きな変化も起きた。独立したばかりの国家の統一という目的のために、インドネシア政府はアダットを脱政治化し、法的な意味あいを排除して、衣装や儀礼といった伝統文化の領域に限定したのである。ただし、この位置づけは、ポスト・スハルト期に入ると、さらに変化する。中央集権体制への反省から地方分権が進むなかで、アダットは地方の民族集団による独自の統治のしくみという意味で、再度、法としての含意を持つようになり、それが各地における「アダット復興」とよばれる運動を誘発しているのである。

　つまり、歴史的にみると、アダットはインドネシアを国家としてまとめる役割も、そしてまた逆に民族集団ごとに分ける役割をも果たしてきた。したがって、現在の法人類学や法整備支援の文脈で、フクムとアダット、および、本書では十分に論じることができなかったが、イスラーム法がインドネシアの多元的法体制を構成する、とみなすことには一定の留保が必要だろう。

　以上のような検討に基づき、本書では、フクムとアダットを法的なものとして並置するのではなく、両者がより複雑な関係を形成しうるものとして、特にアダットの位置づけがどのようになっているかを見直しながら、議論を進めた。

　続く第3章では、事例部分での具体的な対象地となるメダン市について、特に植民地期以降の都市としてのメダンの発展を整理した。スマトラ島東岸部に位置する小さな集落だったメダンは、オランダ植民地支配期のタバコ・プランテーション開発をきっかけに大きく発展する。このタバコ・プランテーションの運営は独立後も政府が引き継ぐのだが、この土地をめぐって、本書の第6章で扱った訴訟が起きることになった。

　本書でメダンを取りあげるうえでの重要な点として、第3章で述べたような歴史的経緯によって、メダンが多民族都市として発展してきたこと

がある。スハルト政権の文化政策のもと、北スマトラ州においてはバタックが代表的な民族集団であるというイメージが広く共有されているのだが、メダンにおいては、どの民族集団のアダットも優勢であるとはいいがたい。このため、第2章で述べた、ポスト・スハルト期における地方分権に影響を受けたアダット復興、および、第5章で述べた、国際的な法整備支援の流れのなかでの、フクムを補完するものとしてのアダットへの期待の増大、という二つの動きのなかで、メダンは独自の位置を占めることになる。つまりメダンにおいては、これがメダンのアダットである、と呼べるものがなく、司法政策のなかで期待されているようなアダットのありかたには適合しないのである。

　以上に基づいて、第4章以降では、メダンにおけるフクムとアダットとがどのように関わりあっているのかを明らかにすることをめざした。まず第4章では、メダン地方裁判所に対象を設定して、そこでどのように裁判が展開しているのかについて論じた。地方裁判所は、法人類学の観点からは、日常から隔絶された特殊な空間である「裁判所」の一例として、また法整備支援の観点からは、中央からの統制が行きとどかない「地方」の裁判所としてとらえられる。これに対して第4章では、メダン地方裁判所の空間配置や、法廷をとりまいて行われる日常的な業務の様子について説明し、裁判所が周囲の社会と地続きである側面を明らかにした。

　そのうえで第4章では、具体的な訴訟を事例にして、裁判の過程を詳細に論じた。そこでは、夫婦間のいさかいという、アダットを持ちだしてもおかしくない内容であるにもかかわらず、当事者も判事も積極的にアダットを援用しようとはせず、あくまでもフクムを援用した解決をめざしていた。ここで、フクムとはいっても、周辺的状況、つまり日常的な感覚に基づく価値判断も、判事にとって重要であるということに留意したい。逆にいえば、周辺状況の考慮という手続きを通じた判断がフクムのなかに取りこまれているために、相対的に、裁判の過程で名指されるアダットの領域は限定的なものになっている。さらに国内各地への転勤が続くという

判事の勤務形態などの影響もあって、メダン地方裁判所においては結果的に、フクムとアダットがぶつかりあう、という図式は成立していないのである。

続く第5章では、フクムとアダットのかかわりを別の側面からとらえるため、司法制度のありかたをめぐる国際的な議論が、メダン地方裁判所にどのような形で現れ、当事者としての判事がその議論をどのように認識しているのかを考察した。具体的には、民事訴訟法学上の概念であるADRを取りあげた。これはインドネシアにおける司法制度改革の一環として、紛争の効率的な処理のために導入されたものであるが、ADRについての司法政策は、国家法を補完するものとしての慣習法、すなわちアダットの役割を大きなものとして位置づけている。この方針を受けて、各地方裁判所でも、判事らが首都で講習を受け、ADRの活用をはかっている。

この章では、この制度がメダン地方裁判所において、当初の趣旨とは異なる展開をしている様子が明らかになった。つまり、統計上の和解・調停の成立件数に目立った増加はないが、当事者にとって判決以外の選択肢がないわけではなく、訴訟提起後も交渉は継続している。裁判というプロセスは、裁判官や事務員などとの頻繁なやりとりによって情報を共有しながら進むもので、取下げや放置という手段も、紛争の収束に一定の意義を持っているのである。ここでもやはり、フクムとアダットを並置するような枠組みが有効でないことを示した。

そして事例部分の中心となる第6章では、取下げにも保留にもならず、最高裁まで争われた土地紛争の事例について扱った。問題となっている土地はいずれも、19世紀後半にタバコ農園としてプランテーション会社が開発したもので、独立後の混乱期を経て、インドネシア政府が1960年農地法によって国有化した。住民と、政府および政府が土地の利用を認めたプランテーション会社のあいだには継続的な緊張関係があり、住民は敷地内への集団移住やデモなどによって土地についての権利を主張してきた。

しかし近年、プランテーション用地をめぐる紛争は法廷に場所を移しており、土地問題の過程においては、土地に対する争点の移動が観察できた。

メダン市およびその近郊を舞台としているこの土地紛争は、フクムによってたつ政府およびプランテーション会社と、民族集団ムラユのアダットを旗印にした先住民団体の対立、という、インドネシア各地で起きている「アダット復興」の事例のようにもみえる。しかし、問題の経過を詳しく検討すると、争点は住民団体「待つ民の会」が軸にしてきた「アダットの土地」から、植民地期にプランテーション会社とデリ王国のスルタンが契約を結んだ土地としての「スルタン租借地」へと変化している。メダンにおけるアダットは、第3章で述べたようにはっきりとした像を結ぶものではなく、「待つ民の会」が地方裁判所における訴訟を提起するようになったことの背景には、デリ王国の王族の末裔による土地問題への関与がある。デリ王国の関係者は、農地法が定める「アダット共同体」としての役割を「待つ民」に期待し、他方で「待つ民」は、裁判で争うための技術的知識の提供を、デリ王国の関係者に依存する。このように、表面的にはアダットをよりどころとする主張も、内部に対立を内包しており、フクムの枠組みに依拠しているのである。

本書で繰り返し取りあげたのは、インドネシアにおいて、フクムとアダットを並置する枠組みがさまざまな場面で登場してくること、そしてそれぞれの場面において、フクムとアダットが異なるかたちで発現していることである。本書がたどりついた結論は、フクムとアダットが異なる法システムとして存在しているのではなく、特定の争点に応じてつねに定義しなおされている、ということである。

もちろん、こうした考察については、メダンの地方裁判所、という特殊な事例からの視点に過ぎないのではないか、という批判もありうるだろう。しかし、メダンの事例を扱うことは、大都市ジャカルタとも、あるいはバリやジャワの村落とも違う角度からポスト・スハルト期のインドネシアを理解することにつながる。ポスト・スハルト期にはいり、地方分権の動き

が推し進められていることは、すでに何度か指摘した。そこでは、たとえばジャカルタにおける国政の推移や、あるいは地方エリートの活動や暴力をともなったアダット復興などの事例が関心を集めている。しかし、首都でも、村落社会でもない、その中間地点としての地方都市を対象とすることによっても、変わりゆくインドネシアのすがたをとらえることができるはずだ。

　このことは、第1章で述べたインドネシアにおける法研究についてもいえる。第1章では、インドネシアにおける法の研究として、バウエンによるものを取りあげた。バウエンは、「公的な推論」の語をもちいて、ガヨ高地の村落部にすむ人々が、国家法、アダット、イスラーム法などの複数の規範のなかで、どのように公正性についての推論を行っているかについて考察していた。本書は彼の議論を否定するものではないが、地方都市という対象から、彼とは異なるいくつかのものが明らかになったと考えている。メダンの地方裁判所には最高裁との連携があり、またジャカルタ勤務や海外留学を経験した判事、法学者などをつうじて、国際的な法をめぐる議論にも意識的である。また、バウエンの調査地においてガヨのアダットが優勢であるのとは違って、メダンにおいては、アダットには懐疑的な視線が向けられている。こうした点で、メダンにおける推論は村落部におけるものとは異なっているのであり、そしてそれは国家のレベル、国家を越えたレベルの議論とつながっているのである。

2　新たな法人類学に向けて

　では、以上のようなインドネシアの状況の分析は、これまでの法人類学の研究蓄積に対して、どのような貢献をなしうるのだろうか。

　第1章で整理したように、これまで法人類学は、慣習法を分析の中心にすえて、その変化、および継続性についての研究を蓄積してきた。そうした視角は、法学のなかに、慣習法が国家法を頂点とするヒエラルキーに

包摂されるという暗黙の前提がある、ということを批判の対象とし、慣習法が規範として国家法と同等のものであることを強調してきた。法人類学が国家法そのものについて十分に検討してきたとはいえず、国家法はやや図式的に、慣習法と対立するものとみなされてきた。

　法人類学のこうした傾向のため、先住民の居住環境に関する権利についての訴訟など、現代的な状況において国家法が問題となる場面に人類学者の関心が集まっても、そこで法人類学の蓄積がかえりみられることは少ない。法人類学者が慣習法のありかたを問う一方で、フィールドにおいて進行中の問題から法に取り組む人類学者にとっては、法律の規定や訴訟の経過こそが問題となる。したがって、両者が関心を共有することは難しい。

　しかし本書で扱った事例では、国家法と慣習法の両者の領域が、それぞれ自律的な領域を形成しているわけではなかった。第1章でも言及したムーアはかつて、「準自律的社会領域」（semi-autonomous social field）という概念を用いて、国家法をふくむさまざまな規範が部分的には分離しつつも、重なりあい、相互に浸透している社会領域として考えられる、と論じた［Moore 2000(1978): 54-59］。これに対して、本書においては、国家法と慣習法は、つねに社会領域として存在し続けているというのではなく、何らかの具体的な問題が争点となるのにともなって形を現してきていた。もちろん、両者は当事者に複数の選択肢を提供したり、そのあいだの矛盾が意識されたりもするが、その関係は、それぞれの場面ごとに、あるいはそれぞれの当事者ごとに、対立しあったり、あるいは逆に相互に補強しあったりするものとして現れ、その関係は時間とともに変化するものであった。

　たとえば、スルタン租借地をめぐる訴訟群をみてみよう。これらの土地紛争は、1960年農地法による国有化と、ムラユのアダットに基づく権利のどちらを認めるかという、国家法と慣習法の対立という図式にあてはめることができる。この図式のもとでは、アダットを掲げて戦う人々のしたたかな抵抗や、強固な制度に支えられた国家法の暴力性に光があたるかもしれない。

しかし、第6章で明らかにしたように、土地の権利を主張しているデリ王国の関係者と「待つ民」は、ムラユのアダットを共有しているとはいえ、アダットのとらえかたや、そしてそもそも訴訟を提起するかどうか、そしてどのような主張を行うかという点についての戦略の軌跡は大きく異なっていた。かつて「待つ民」はアダットに基づく集団的所有権の承認を政府に対して求めていたが、現在の争点は、オランダ植民地支配期の租借契約に記された内容であって、ムラユのアダットの正当性は、あくまでもフクムの手続きにゆだねられている。そしてデリ王国の関係者は、法律の専門家から助言を受けて、土地紛争への介入を強めている。

　東スマトラの旧プランテーション用地をめぐる土地紛争が、スルタン租借地をめぐる訴訟群となった事例では、フクムの枠組みの中に、徐々に複数の思惑を持った人々が入ってきている。こうした事例をとらえるには、国家法をある種の仮想敵として、あるいは国家法をかっこに入れたかたちで行われる紛争処理過程研究には、限界があるのではないだろうか。国家法の一部を慣習法に対立するものとして描くことと、フィールドの現実に追いつけない法制度を批判するアプローチに共通しているのは、ある堅固さを備えた国家法を前提として議論を始めることだろう。

　国家法と慣習法という領域は、あらかじめ存在していて、そのあいだに一本の境界線が引けるわけではない。また複数の境界線も、何が争点となっているかに応じて絶えず引きなおされる。こうした状況においては、国家法と慣習法が規範として同等であるのか否かという法多元主義の論点よりも、むしろ国家法と慣習法の手続きや、どちらかを援用することがもたらす効果における差異こそが、重要なものとして現れてくるのである。

　これは、第4章でみた裁判所のありかたと、第5章でみたADRの受容過程とを重ねてみたときにも明確になる。近年、慣習法に対する再評価は、ADRという法学の理論、および実務の最先端で進んでいるものであり、法学者、あるいは開発プロジェクトのレベルで、慣習法は国家法を補完するものとしてとらえられていた。しかしメダンにおいては、国家法と

慣習法の関係は様相を異にしており、アダットは消滅することはないが遠景に退き、紛争処理における実効性には限界がある。ADRによる紛争処理は、裁判官が出す判決よりも当事者どうしの合意形成を重視しているが、メダン地裁では、この当事者どうしの合意は、統計上の調停ではなく訴訟の取下げや放置の中で形成されているのである。

　本書が、争点に応じて境界線が引きなおされていることを主張するのは、以上のような議論にもとづいている。本書はインドネシアのある特定の地域の事例を分析したものではあるが、国家法と慣習法の関係がさまざまな場面で問い続けられているのは、インドネシアだけに限られた状況ではない。この視点に立つと、いままでの法人類学が、法をめぐる問題において国家法と慣習法を領域としてとらえ、両者がつねにひとつの境界線をはさんで争っているように議論してきたといえるのではないだろうか。本書の法人類学の蓄積に対する貢献は、この「不断に引きなおされる境界線」という視点にたつことで、法がさまざまな人々の集合としての社会の中で、どのように生み出され、運用され、また利用されているのか、についての研究を前進させることだと考える。次節では、本書で明らかにした国家法と慣習法をめぐる問題をふまえて、今後、法人類学にどのような可能性が見出せるのか、現時点での展望について述べる。

3　「法の創造」の人類学

　本書では裁判所の日常的業務や土地紛争の過程など、法が運用される場面についておもにあつかってきた。しかしここまでで明らかにしてきたように、国家法や慣習法の境界が自明でないとするならば、何らかの法が存在していることを前提として、それぞれの性質や相互関係に目を向ける立場から、視野を広げることが可能になるだろう。最後に、本書のなかでは十分に展開できているわけではないが、ここまで取り組んできた議論の先にどのような法の人類学的研究がありうるのかについて、今後の課題とし

て付け加えておきたい。

　この点に関連する研究には、近年進んでいる、特殊な知識の体系としての「法的なるもの」の領域がどのように作られているのか、を問うものがある。これらの研究は、政府による立法の過程とは異なるかたちで、「法的なるもの」や「法的な推論」がどのように生み出されるのかに関心をよせている。以下で具体的な例として、二つの研究についてふれたい。

　ひとつめは人類学者アナリサ・ライルズ（Annelise Riles）によるものである。彼女は、1995年に行われた第4回国連女性会議にむけて準備を進めるフィジーの人々を対象として、国際法の議論に参与する人々の取り組みを描いている［Riles 2000; 2006］。この会議では、さまざまな国から参加した多数のNGOとの協力関係のもと、女性の地位向上をめざす議論が行われた。彼女はフィジーからNGOの代表が参加するにあたって、国際的な組織の「ネットワーク」が、どのように彼らを巻きこみ、また一方でどのように彼らの参加のしかたを規定しているかについて、さらに各国のNGO代表が、成果として採択される「行動要綱」の文面をどのような議論ののちに作成したのかについて、民族誌的な記述と分析を行っている。彼女が「法的であることのエスノグラフィ（ethnography of legality）」とよぶこの試みは、専門的・技術的知識の一形態としての国際法が、フィジーの官僚やNGOのメンバーなどさまざまな人や組織、さらには、「ネットワーク」などの概念や、文書の内容を検討するさいのカッコの使いかたなどの技術によって、実際の過程としてどのように形成されるのかを明らかにしようとしている。

　もうひとつはフランスの科学技術社会論者ブルーノ・ラトゥール（Bruno Latour）によるものである。彼は、フランスの行政裁判において最高裁判所の機能を担う国務院で調査をすることで、「法の形成（the making of law）」について考察している［Latour 2010］。彼の研究では、公判の場ではないところで判事たちが事件についてかわす非公式なやりとりが、重要な研究対象として登場する。判事たちのやりとりは、法的な推論を構築す

第7章　結　論　　187

る過程であり、それは科学者が実験によって科学的事実を構築する過程とパラレルなものとして扱うことができる、と彼は述べる。つまり、フランス国務院のエスノグラフィは、科学、宗教といった近代におけるさまざまな制度が、いかにして真実を生産しているのかを明らかにする、という大きなプロジェクトの一翼を担うものなのである。ラトゥールがいうように、法人類学は「すべての文化に法があることに何の疑問も持たない」[Latour 2010: viii]、言いかえれば、法は、すべての文化において、すでに存在しているものとして扱われる。これに対して彼のアプローチは、裁判所でどのようにして「法的なもの」が作り出されるのかという過程を、人類学的な手法で考察しようというものだといえる。

　ライルズもラトゥールも、知識の生産にまつわる人類学の対象として法を扱い、人類学全体への貢献を目指している。こうして法は、科学技術論や医療人類学における専門的知識とパラレルな形で、人類学的な分析の対象となる。ここで思い起こされるのは、第1章でふれた紛争処理過程研究の先駆的著作においてルウェリンが、個々の裁判官による「法の創造」に関心を持っていたことである。彼の言う「法の創造」とは、それぞれの裁判官が判決を下すことはすなわち、法の体系に新たな部分を付けくわえるという意味で創造だといえる、ということであり、これはリアリズム法学とも呼ばれた。このルウェリンの議論を、ライルズやラトゥールの議論と関係づけたとき、新たな法人類学の可能性が見えてくるのではないだろうか。

　第1章で述べたように、彼がホーベルと協力して行ったネイティブ・アメリカンの人々についての調査は、参与観察によって紛争処理のプロセスを記述するという流れを形づくったのだが、その後、彼らのいう「法の創造」という議論は、必ずしも深まらなかった。ここには、裁判官による法の創造を認めるというリアリズム法学の立場が、法は決して完全ではない、そこには恣意性が入りこむという意味で、司法の中立性に対する批判として受け止められたことが影響しているだろう。たとえばどの裁判官が

担当するかで判決が変わりうる、とすれば、それはすべての人に等しく正義を保証するという司法の理念と対立することになる。裁判官の公平性に疑問を投げかけるリアリズム法学の主張は法と経済学、法社会学といった新しい研究領域に刺激を与え、1980年代の北米を中心とした批判法学へと受け継がれていくが、法学においては極端な立場とみなされる傾向がある。

しかし、ライルズやラトゥールの議論をふまえるなら、法を既にあるものとしてとらえずに、法が作られていく過程に注目することは、必ずしも法の根幹をゆるがすことにはならないだろう。法の創造にふくまれるのは、裁判官が恣意的に判決の内容を決めることだけではない。たとえば科学技術社会論は、科学的知識がいかに生産されるのかについて明らかにしているが、それは決して科学の存在意義や、科学的知識そのものを否定することを意図してはいない。そして本書でも扱ったように、科学と同様に法もまた、広い範囲において、さまざまな立場の人や概念を巻きこみながら作り出されている。これは、法社会学の基本的な概念である「生ける法」へと近づきつつも、「生ける法」が非専門性を意図しているのに対し、専門的・技術的知識として法をとらえる点で、異なるアプローチになる。

本書で展開してきた議論をふまえるなら、こうした方向に法人類学を接合していくことは、法人類学と法学との関係に対しても再考をうながすだろう。これまで、法学と人類学は、国家法と慣習法のあいだでいわば研究対象を分担し、法人類学は法学に対して、異なる法のありかたについての問題を提起してきた。しかし法人類学は、さまざまな要素を取りこみながら、法的なるものが形成される様相を明らかにすることに貢献できるのではないだろうか。

本書で展開した、インドネシアで生じているさまざまな動きについての考察が、法と社会のより望ましい関係について考えるための出発点となれば、本書の目的は達成されたといえるだろう。

参照文献

Agustono, Budi
 2002　Violence on North Sumatra's Plantations. In *Roots of Violence in Indonesia: Contemporary Violence in Historical Perspective*. Freek Colombijn and J. Thomas Lindblad (eds.), pp.133-141. Leiden: KITLV Press.
Agustono, Budi, et al.
 1997　*Badan Perjuangan Rakyat Penunggu Indonesia vs PTPN II*. Bandung: Akatiga.
浅香 吉幹
 2000　『アメリカ民事手続法』弘文堂。
Avruch, Kevin
 1998　*Culture and Conflict Resolution*. Washington D.C.: United States Institute of Peace Press.
Avruch, Kevin and Peter W. Black
 1996　ADR, Palau, and the Contribution of Anthropology. In *Anthropological Contributions to Conflict Resolution*. Alvin W. Wolfe and Honggang Yang (eds.), pp. 47-63. Athens: University of Georgia Press.
Barnard, Timothy P.
 2003　*Multiple Centres of Authority: Society and Environment in Siak and Eastern Sumatra, 1674-1827*. Leiden: KITLV Press.
Benda-Beckmann, Franz von
 1979　*Property in Social Continuity*. The Hague: Martinus Nijhoff.
Benda-Beckmann, Franz von, et al. (eds.)
 2005　*Mobile People, Mobile Law: Expanding Legal Relations in a Contracting World*. Aldershot: Ashgate.
Benda-Beckmann, Keebet von
 1984　*The Broken Stairways to Consensus*. Dordrecht: Foris.
Black, Donald and Maureen Mileski (eds.)
 1973　*The Social Organization of Law*. New York: Seminar Press.
Bohannan, Paul

1957 *Justice and Judgment among the Tiv of Nigeria.* London: Oxford University Press.

Bowen, John R.

2003 *Islam, Law and Equality in Indonesia: An Anthropology of Public Reasoning.* Cambridge: Cambridge University Press.

Breman, Jan

1990 *Taming the Coolie Beast: Plantation Society and the Colonial Order in Southeast Asia.* New York: Oxford University Press.

Bruner, Edward M.

1974 The Expression of Ethnicity in Indonesia. In *Urban Ethnicity.* Abner Cohen (ed.). pp.251-280. London: Tavistock Publications.

Budiardjo, Ali, et al.

1997 *Law Reform in Indonesia: Diagnostic Assessment of Legal Development in Indonesia.* Jakarta: Cyberconsult.

Burns, Peter

2004 *The Leiden Legacy: Concepts of Law in Indonesia.* Leiden: KITLV Press.

Causey, Andrew

2003 *Hard Bargaining in Sumatra: Western Travelers and Toba Bataks in the Marketplace of Souvenirs.* Honolulu: University of Hawaii Press.

Colombijn, Freek

1992 Dynamics and Dynamite: Minangkabau Land Ownership in the 1990s. *Bijdragen tot de Taal-, Land-, en Volkenkunde* 148(3-4): 428-464.

Coombe, Rosemary

1998 *The Cultural Life of Intellectual Properties.* Durham: Duke University Press.

Cunningham, Clark E.

1958 *The Postwar Migration of the Toba-Bataks to East Sumatra.* New Haven: Yale University Southeast Asia Studies.

Davidson, Jamie Seth and David Henley

2007 Introduction: Radical Conservatism: The Protean Politics of Adat. In *The Revival of Tradition in Indonesian Politics: The Deployment of Adat from Colonialism to Indigenism.* Jamie Seth Davidson and David Henley (eds.), pp.1-49. London: Routledge.

デュルケム、エミール
　1990　『デュルケム法社会学論集』内藤莞爾（編訳）、恒星社厚生閣。
エールリッヒ、オイゲン
　1984　『法社会学の基礎理論』河上倫逸ほか（訳）、みすず書房。
フィッシャー、ロジャー、ウィリアム・ユーリー
　1989　『ハーバード流交渉術』金山宣夫・浅井和子（訳）、三笠書房。
Galanter, Marc
　1981　Justice in Many Rooms: Courts, Private Ordering, and Indigenous Law. *Journal of Legal Pluralism* 19: 1-48.
Gautama, Sudargo
　1999　*Undang-Undang Arbitrase Baru 1999*. Bandung: Citra Aditya Bakti.
Geertz, Clifford
　2000　*Local Knowledge*. Basic Books.
Gluckman, Max
　1955　*The Judicial Process among the Barotse in Northern Rhodesia*. Manchester: Manchester University Press.
Griffiths, John
　1986　What is Legal Pluralism? *Journal of Legal Pluralism* 24: 1-55.
Gulliver, Phillip Hugh
　1963　*Social Control in an African Society*. London: Routledge and Kegan Paul.
弘末 雅士
　2004　『東南アジアの港市世界：地域社会の形成と世界秩序』岩波書店。
Ikegami Shigehiro
　1997　Historical Changes of Toba Batak Reburial Tombs: A Case Study of a Rural Community in the Central Highland of North Sumatra.『東南アジア研究』34(4): 643-675。
香川 孝三・金子 由芳（編）
　2007　『法整備支援論──制度構築の国際協力入門』ミネルヴァ書房。
角田 多真紀
　2010　「インドネシア法整備支援 和解・調停制度強化支援プロジェクト プロジェクト成果分析調査報告書」『ICD News』44: 126-177。
Kalo, Syafruddin
　2005　*Kapita Selekta Hukum Pertanahan: Studi Tanah Perkebunan di*

Sumatera Timur. Medan: Universitas Sumatera Utara Press.

加納 啓良

    1985　「非植民地化過程における国家と農民」『東南アジアの農業変化と農民組織』滝川勉（編）、pp.107-138、アジア経済研究所。

木村 敏明

    2002a　「メダンにおけるトバ・バタックの互助組合について：その宗教的側面の一考察」『人文社会論叢 人文科学篇』7: 25-43。

    2002b　「トバ・バタックの結婚儀礼とサハラ信仰」『宗教研究』76(1): 73-95。

Kirsch, Stuart

    2001　Lost Worlds: Environmental Disaster, "Culture Loss", and the Law. *Current Anthropology* 42(2): 167-198.

北構 太郎

    1992　「法人類学の現状と課題」『法人類学の地平』湯浅道男ほか（編）、pp.11-24、成文堂。

Klinken, Gerry van

    2007　The Return of the Sultans: The Communitarian Turn in Local Politics. In *The Revival of Tradition in Indonesian Politics: The Deployment of Adat from Colonialism to Indigenism*. Jamie Seth Davidson and David Henley (eds.), pp.149-169. London: Routledge.

小林 昌之・今泉 慎也（編）

    2002　『アジア諸国の司法改革』アジア経済研究所。

小林 寧子

    2008　『インドネシア 展開するイスラーム』名古屋大学出版会。

小島 武司（編）

    2003　『ADR の実際と理論Ⅰ』中央大学出版部。

Langenberg, Michael van

    1982　Class and Ethnic Conflict in Indonesia's Decolonization Process: A Study of East Sumatra. *Indonesia* 33: 1-30.

Latour, Bruno

    2010　*The Making of Law: An Ethnography of the Conceil d'Etat*. Cambridge: Polity Press.

Lev, Daniel

    1972　I*slamic Courts in Indonesia*. Berkeley: University of California Press.

Lindsey, Timothy (ed.)

1999 *Indonesia: Law and Society*. Sydney: Federation Press.

Llewellyn, Karl Nickerson and E. Adamson Hoebel
1941 *The Cheyenne Way*. Norman: University of Oklahoma Press.

Mahadi
1978 *Sedikit Sejarah Perkembangan Hak-Hak Suku Melayu Atas Tanah Di Sumatera Timur, Tahun 1800-1975*. Jakarta: Badan Pembinaan Hukum Nasional.

Maine, Henry Sumner
2002(1866) *Ancient Law*. New Brunswick: Transaction. (Reprinted edition)

マリノウスキー、B. K.
1967(1926) 『未開社会における犯罪と慣習』青山道夫（訳）、ぺりかん社。

Merry, Sally Engle
1988 Legal Pluralism. *Law & Society Review* 22(5): 869-896.
1992 Anthropology, Law, and Transnational Processes. *Annual Review of Anthropology* 21: 357-379.

水野 広祐
1988 「インドネシアの土地所有権と1960年農地基本法：インドネシアの土地制度とその問題点」『国際農林業協力』10(4): 54-71。

Moore, Sally Falk
2000(1978) *Law as Process: An Anthropological Approach*. Hamburg: LIT.
2001 Certainties Undone: Fifty Turbulent Years of Legal Anthropology, 1949-1999. *Journal of the Royal Anthropological Institute* 7: 95-116.

Nader. Laura
2001 The Underside of Conflict Management: In Africa and Elsewhere. *IDS Bulletin* 32(1): 19-27.
2002 *The Life of the Law: Anthropological Projects*. Berkeley: University of California Press.

中川 敏
1994 「インドネシア語政治作文入門」『国民文化が生れる時』関本照夫・船曳建夫（編）、pp.239-268、リブロポート。

Pandu, Yudha (ed.)
2004 *Peraturan & Prosedur Peradilan Badan Arbitrase Nasional Indonesia*. Jakarta: Indonesia Legal Center Publishing.

Palmer, Michael and Simon Roberts

1998 *Dispute Processes: ADR and the Primary Forms of Decision Making.* London: Butterworths.

Pelzer, Karl J.

1978 *Planter and Peasant: Colonial Policy and the Agrarian Struggle in East Sumatra 1863-1947.* 's-Gravenhage: Martinus Nijhoff.

1982 *Planters Against Peasants: The Agrarian Struggle of East Sumatra, 1947-1958.* 's-Gravenhage: Martinus Nijhoff.

Pompe, Sebastiaan (Bas)

1997 The Effects of the Japanese Administration on the Judiciary in Indonesia. In *Japan, Indonesia, and the War: Myths and Realities.* Peter Post and Elly Touwen-Bouwsma (eds.), pp.51-63. Leiden: KITLV Press.

2005 *The Indonesian Supreme Court: A Study of Institutional Collapse.* Ithaca: Southeast Asia Program, Cornell University.

Purdum, Elizabeth D.

1985 Subculture of Deputy Court Clerks: Implications of Access and Reform. *Human Organization* 44(4): 353-359.

Reid, Anthony

1979 *The Blood of the People.* Kuala Lumpur: Oxford University Press.

1988 *Southeast Asia in the Age of Commerce, 1450-1680.* New Haven: Yale University Press.

Riles, Annelise

2000 *The Network Inside Out.* Ann Arbor: University of Michigan Press.

2006 [Deadlines]: Removing the Brackets on Politics in Bureaucratic and Anthropological Analysis. In *Documents: Artifacts of Modern Knowledge.* Annelise Riles (ed.). pp.71-92. Ann Arbor: University of Michigan Press.

Roberts, Simon

1994 Law and Dispute Processes. In *Companion Encyclopedia of Anthropology.* Tim Ingold (ed.). pp.962-981. London: Routledge.

1998 Against Legal Pluralism: Some Reflections on the Contemporary Enlargement of the Legal Domain. *Journal of Legal Pluralism* 42: 95-106.

Rodgers, Susan

1981 *Adat, Islam, and Christianity in a Batak Homeland.* Athens, Ohio: Ohio University, Center for International Studies.

Rosen, Lawrence

1977 The Anthropologist as Expert Witness. *American Anthropologist* 79(3): 555-578.

Ross, Marc Howard
1993 *The Culture of Conflict: Interpretations and Interests in Comparative Perspective*. New Haven: Yale University Press.

Runtung
2004 *Penyelesaian Sengketa Alternatif*. Medan: Pustaka Bangsa Press.

Sack, Peter and Jonathan Aleck (eds.)
1992 *Law and Anthropology*. Aldershot: Dartmouth.

作本 直行・今泉 慎也（編）
2003 『アジアの民主化過程と法』アジア経済研究所。

佐藤 鉄男 ほか
2003 「司法制度改革と ADR」『ADR の実際と理論Ⅰ』小島 武司（編）、pp.26-63、中央大学出版部。

島田 弦
2002 「インドネシアにおける司法改革：ポスト・スハルト期における司法権および裁判所の課題」『アジア諸国の司法改革』小林昌之・今泉慎也（編）、pp.201-234、アジア経済研究所。
2004 「インドネシア法」『アクセスガイド外国法』北村一郎（編）、pp.383-392、東京大学出版会。

島上 宗子
2003 「地方分権化と村落自治：タナ・トラジャ県における慣習復興の動きを中心として」『インドネシアの地方分権化』松井和久（編）、pp.159-225、アジア経済研究所。

白石 隆
1997 『スカルノとスハルト：偉大なるインドネシアをめざして』岩波書店。

Sinar, Luckman
1988 *The History of Medan in the Olden Times*. Medan: Lembaga Penelitian dan Pengembangan Seni Budaya Melayu.
1991 *Sejarah Medan Tempo Doeloe*. Medan: Lembaga Pembinaan dan Pengembangan Seni Budaya Melayu.
1993 *Motif Dan Ornament Melayu*. Medan: Lembaga Pembinaan dan Pengembangan Seni Budaya Melayu.
1994 *Jatidiri Melayu*. Medan: Lembaga Pembinaan dan Pengembangan Seni

Budaya Melayu.

Slaats, Herman and Karen Portier
 1992 Traditional Decision-making and Law. Yogyakarta: Gajah Mada University Press.

Snyder, Francis G.
 1981 Anthropology, Dispute Processes and Law: A Critical Introduction (Reprinted in [Sack and Aleck 1992]). *British Journal of Law & Society* 8(2): 141-180.

Steedly, Mary Margaret
 1993 *Hanging without a Rope: Narrative Experience in Colonial and Postcolonial Karoland*. Princeton: Princeton University Press.

Stoler, Ann Laura（ストーラー、アン・ローラ）
 1988 Working the Revolution: Plantation Laborers and the Peoples Militia in North Sumatra. *Journal of Asian Studies* 47(2): 227-247.
 1995 **Capitalism and Confrontation in Sumatra's Plantation Belt, 1870-1979**. Ann Arbor: The University of Michigan Press.（2007『プランテーションの社会史：デリ／1870-1979』中島成久（訳）、法政大学出版局）

杉島 敬志
 1999 「インドネシアの土地政策とリオ人の土地権」『土地所有の政治史』杉島敬志（編）、pp.347-369、風響社。
 2006 「中部フローレスにおけるアダットの現在」『現代インドネシアの地方社会』杉島敬志・中村潔（編）、pp.235-264、NTT出版。

杉島 敬志・中村 潔（編）
 2006 『現代インドネシアの地方社会』NTT出版。

Tamanaha, Brian Z.
 1993 The Folly of the 'Social Scientific' Concept of Legal Pluralism. *Journal of Law and Society* 20(2): 192-217.

棚瀬 孝雄
 1992 『紛争と裁判の法社会学』法律文化社。

棚瀬 孝雄（編）
 1994 『現代法社会学入門』法律文化社。

Thee, Kian Wie
 1977 Plantation Agriculture and Export Growth: An Economic History of East Sumatra, 1863-1942. Ph.D Dissertation.

Thuen, Trond
  2004 Anthropological knowledge in the courtroom: Conflicting paradigms. *Social Anthropology* 12(3): 265-287.
Tsing, Anna
  2002 Land as Law: Negotiating the Meaning of Property in Indonesia. In *Land, Property, and the Environment*. John F. Richards (ed.), pp.94-137. Oakland, Calif.: ICS Press.
土屋 健治
  1991 『カルティニの風景』めこん。
角田猛之・石田慎一郎(編)
  2009 『グローバル世界の法文化』福村出版。
ウェーバー、マックス
  1974 『法社会学』世良晃志郎(訳)、創文社。
和田 仁孝 ほか(編)
  2002 『交渉と紛争処理』日本評論社。
Wertheim, W. F.
  1993 Conditions on Sugar Estates in Colonial Java: Comparisons with Deli. *Journal of Southeast Asian Studies* 24(2): 268-284.
Woodman, Gordon R.
  1998 Ideological Combat and Social Observation: Recent Debate About Legal Pluralism. *Journal of Legal Pluralism* 42: 21-59.
山田 文
  2002 「ADR——裁判外の紛争処理機関」『交渉と紛争処理』和田仁孝ほか(編)、pp.62-85、日本評論社。
山下 輝年
  2003 「インドネシア司法事情」『ICD News』12: 157-190。
安田 信之
  2000 『東南アジア法』日本評論社。
  2005 『開発法学:アジア・ポスト開発国家の法システム』名古屋大学出版会。

あとがき

　本書は、2010年に東京大学大学院総合文化研究科に提出した博士論文「ポスト・スハルト期インドネシアの法と社会：北スマトラ州メダン市の地方裁判所からみる国家法と慣習法の動態」を加筆・修正したものである。本書を書きあげるまでには、多くの方々のご協力をいただいた。ここでお礼を申し上げておきたい。

　メダン市での滞在中は、北スマトラ大学法学部のアルフィ・シャリン（Alvi Syahrin）教授とそのご家族に大変お世話になった。同じく北スマトラ大学法学部講師のサイディン（Saidin）氏、エディ・イクサン（Edy Ikhsan）氏、お忙しいなかインタビューや資料提供に時間を割いてくださった。また、メダン地方裁判所のクルニア・ヤニ・ダルモノ（Kurnia Yani Darmono）判事（当時）をはじめとする地方裁判所の方々のおかげで、裁判所での現地調査という前例の少ない試みが可能になった。調査地では日本人の方々も温かく受け入れてくださった。特に西岡雅博さん、西岡朋子さん、広瀬憲夫さん、広瀬令子さんからは、あらゆる面で助けていただき、また豊富な経験に基づく貴重なお話をうかがった。幸運にも出会うことのできた方々と、おいしい食事を囲んで、あるいは移動の車中で過ごした楽しい時間のことは何年たっても忘れられない。

　博士論文の執筆にあたっては、指導教員の船曳建夫先生から多くの励ましをいただいた。また山下晋司先生、名和克郎先生、渡辺日日先生、そして首都大学東京の石田慎一郎先生が審査に加わってくださり、筆者の議論の至らない点について、的確な指摘をくださった。いまだに十分に応えることができていないのがもうしわけないが、いただいた課題に今後も取り組んでいきたい。

また本書は、筆者の所属していた東京大学の文化人類学研究室、およびさまざまな学会や研究会における議論の成果でもある。お世話になった方すべてのお名前を記すことができないのが心苦しいが、貴重な助言をくださった方々に感謝したい。なかでも、まだ筆者が修士課程の学生だったころの勉強会から発展した共同研究（大阪大学グローバル COE プログラム コンフリクトの人文学国際研究教育拠点「オルタナティブ・ジャスティスの世界的動向に関する共同研究」、国立民族学博物館共同研究（若手研究者による共同研究）「アジア・アフリカ諸国における裁判外紛争処理の再編が旧来の多元的法体制に与える影響についての共同研究」）での議論は、いつも時間のたつのを忘れるほど刺激的であった。また岩原紘伊さん、中空萌さんにも有益なコメントをいただいた。

　本書の出版は、平成 26 年度日本学術振興会科学研究費補助金（研究成果公開促進費・学術図書、課題番号 265129）の交付を受けることで可能になった。また、2004 年 8 月から 2006 年 7 月にかけて実施した長期調査は、インペックス教育交流財団の奨学金によって、また 2008 年の追加調査は平成 19 年度日本学術振興会特別研究員奨励費の助成を受けて実施することができた。

　三元社の石田俊二さんには、本書の刊行にあたり大変お世話になった。遅々として進まない作業に、多大なご心労をおかけしたことと思う。あらためておわびするとともに、ご尽力いただいたことに感謝したい。

　最後に、いつも支えてくれている家族に、心から感謝を込めて。

索引

A

ADR（Alternative Dispute Resolution、裁判外紛争処理） 12, 26, 96, 99-100, 104-113, 117-121, 125-129, 176, 181, 185-186

ア

アダット 27, 30-44, 47-51, 54, 66-68, 70-71, 81, 91-93, 95-96, 98-102, 104-106, 112-113, 119, 125-129, 132-136, 138-140, 143-146, 149-150, 153, 155-156, 158-159, 161, 166-168, 170-176, 178-186

アダット共同体 153, 155-156, 158-161, 169-170, 173-174, 176, 182

アダットの土地 141, 143-145, 150, 157-159, 161, 170-172, 174, 182

アダット復興 34-35, 43, 47, 50, 98-100, 102, 105, 128-129, 132, 143, 149, 179-180, 182-183

生ける法 17, 189

イスラーム法 30, 33-34, 179, 183

インドネシア仲裁評議会（Badan Arbitrase Nasional Indonesia、略称BANI） 112

ウラヤット権 41-42, 135-136

オランダ慣習法学 34

カ

華人 56, 61, 64, 67-68, 125, 135

カリマンタン 98, 133, 143, 145

慣習法 10, 12, 14-15, 18-19, 21, 24, 26-27, 30, 34-35, 40, 42, 49-50, 52, 68, 100-102, 110-112, 127, 129, 132, 174, 176, 178, 181, 183-186, 189

携帯電話 82-85, 120

国営農園会社 137, 142, 157-158, 171-172

サ

司法改革 30, 47-49, 85, 93, 107, 111-113, 118-119, 127, 129

宗教裁判所 71, 73

ジョグジャカルタ 133, 146

スカルノ 40-41, 44-46, 51, 144, 159

スハルト 30, 34, 41-43, 45-47, 50-51, 93, 96, 98-99, 101-102, 105,

113, 126, 128, 132, 142-144, 172-176, 179-180, 182
スルタン制　133, 140, 155, 162, 172
スルタン租借地　135-136, 145, 149-153, 155-157, 161, 166, 168, 171-172, 174-175, 182, 184-185
全国アダット共同体同盟（Aliansi Masyarakat Adat Nusantara、略称AMAN）　134, 141, 143

タ

タバコ　63-64, 678-68, 81, 135, 137-140, 144, 146, 159-160, 170-171, 173, 179, 181
地方分権　34, 47, 49-51, 54, 68, 102, 105, 128, 132-133, 179-180, 182
仲裁　99, 106, 109, 111-112
調停（mediation）　99, 106-107, 109, 115, 117-120, 122, 125-126, 128, 181, 186
デリ王国　61-63, 67, 135-136, 138, 140, 145-146, 149-154, 157, 160-162, 164, 166-168, 172-173, 176, 182, 185
デリ会社　63-64, 66, 154, 167-168, 171
伝統的紛争処理組織　71
土地登録局　124-125, 151, 153-156, 158-160

ナ

農地法　40, 42, 65, 140, 153, 155, 160, 170, 173-174, 176, 181-182, 184

ハ

バタック　56, 59, 61-63, 65-68, 86, 90-91, 103-104, 128, 135-136, 180
バリ　31, 42, 98, 112, 128, 133, 145, 182
東スマトラ　61-62, 64, 134-139, 146, 157-158, 167, 171, 173, 175, 185
フクム　31, 33-36, 41, 43-51, 54, 67-68, 70-71, 81, 91, 95-96, 98-102, 105, 119, 121, 126, 128-129, 132, 145, 149-150, 168, 171-172, 174-176, 178-182, 185
紛争処理過程　16-17, 70, 95, 104, 120, 185, 188
法整備支援　34, 96, 108-111, 126-127, 179-180
法多元主義　15, 18-21, 23-24, 30, 33-34, 101-102, 178, 185
法中心主義　18-19, 21
傍聴　26, 73, 80, 83-85, 87, 90-91, 120

マ

マイムーン宮殿　60-61, 67, 140, 146-147, 149, 167
ミナンカバウ　30-33
民族集団　14, 31-33, 56, 59, 61, 65, 67-68, 86, 93, 98-100, 103-104, 125, 128, 137, 145, 166, 179-180, 182

ヤ

ムラユ　60-62, 66, 68, 132, 134-141,

143, 145-147, 149-150, 167-168, 170-175, 182, 184-185

ラ
ライデン学派　37-41, 51, 144
リアリズム法学　16, 188-189

ワ
和解（perdamaian）　87, 115, 117-118, 122, 126, 181

［著者紹介］

高野 さやか（たかの・さやか）

東京大学大学院総合文化研究科博士課程修了。博士（学術）。
東京大学大学院総合文化研究科助教を経て、現在、日本学術振興会特別研究員（PD）。
著作に、『オルタナティブ・ジャスティス』（共著、大阪大学出版会、2011年）、"The Concept of Adat and Adat Revivalism in Post-Suharto Indonesia."（『ノモス』24号、2009年）、「『深く根ざした』紛争への取り組み」（『コンフリクトの人文学』1号、2009年）などがある。

ポスト・スハルト期インドネシアの法と社会
裁くことと裁かないことの民族誌

発行日	初版第1刷　2015年2月28日
著　者	高野さやか　2015©Takano Sayaka
発行所	株式会社 三元社 〒107-0052　東京都港区赤坂2-10-16　赤坂スクエアビル 電話／03-5549-1885　FAX／03-5549-1886
印刷＋製本	モリモト印刷 株式会社

Printed in Japan
ISBN978-4-88303-378-2
http://www.sangensha.co.jp

[新聞ジャーナリズム]

大阪の錦絵新聞
土屋礼子　大衆ジャーナリズムの先駆けとなり、一瞬の輝きの後、時代の波に消え去った錦絵新聞の全貌。　3495円

『新着雑報』1650年、世界最古の日刊新聞
大友展也編著　新聞学・ジャーナリズム発達史の貴重な原資料を写真原版・ラテン文字表記・現代ドイツ語・和訳で完全復元。　10000円

ドイツ新聞学事始　新聞ジャーナリズムの歴史と課題
E・シュトラスナー著　大友展也訳　16世紀から近現代までのドイツ新聞の発達史を詳細に論じ、新聞ジャーナリズムの展望と課題を提示。　3200円

[文化人類学・地域研究]

イギリスにおけるマイノリティの表象　「人種」・多文化主義とメディア
浜井祐三子　多言語・多文化社会イギリスにおける「新しい人種主義」のありようを、新聞報道の分析から明らかにする。　2800円

エストニアの政治と歴史認識
小森宏美　独立回復と国民国家の社会統合にいかに歴史認識と言語が重要な役割を果たしたかを検証する。　2600円

エスニシティ「創生」と国民国家ベトナム　中越国境地帯タイー族・ヌン族の近代
伊藤正子　タイー族・ヌン族はいかに少数「民族」となり、ベトナム「国民」となったか。その歴史過程を明らかにする。　4300円〈品切中〉

現代シリアの部族と政治・社会　ユーフラテス河沿岸地域・ジャジーラ地域の部族の政治・社会的役割分析
髙岡豊　部族の政治的・社会的役割がその変化を経ても厳然と存続していることを世論調査等から明らかにする。　2800円

コルシカの形成と変容　共和主義フランスから多元主義ヨーロッパへ
長谷川秀樹　「植民化なき植民地」として扱われてきたコルシカの視点から、国民国家、ヨーロッパ統合を捉え直す。　3500円

社会の探究としての民族誌　ポスト・ソヴィエト社会主義期南シベリア、セレンガ・ブリヤート人における集団範疇と民族的知識の記述と解析、準拠概念に向けての試論
渡邊日日　経済・言語・儀礼・教育を舞台に、準拠概念を手掛かりにモンゴル系ブリヤート人の社会と知識を問う。　7600円

ネオ・リベラリズムの時代の多文化主義　オーストラリアン・マルチカルチュラリズムの変容
塩原良和　ネオ・リベラリズム、経済合理主義という時代の流れの中で、対抗原理として多文化主義を〈再構築〉する。　2800円

表示価格は本体価格です。

ネパール、ビャンスおよび周辺地域における儀礼と社会範疇に関する民族誌的研究
名和克郎　いま、民族誌を編むことを自らに問いかけながら描き出した、人々の生活と、その指し示すもの。　　　　　　　　　6000円

民族という政治　ベトナム民族分類の歴史と現在
伊藤正子　ある「民族」であるとは、人々に何を意味するのか。上からの民族政策の問題点を明らかにする。　　　　　　　　3800円

リアリティと他者性の人類学　現代フィリピン地方都市における呪術のフィールドから
東賢太郎　呪術への実体論的アプローチによって、呪術と近代、〈我々〉と〈彼ら〉をめぐる。新たな可能性を探る。　　　5000円

記号の思想　現代言語人類学の一軌跡　シルヴァスティン論文集
M・シルヴァスティン著　小山亘編・ほか訳　社会文化コミュニケーション論による「言語学」の超克、「認知科学」、「人類学」の再構築。　5500円

思想

愛と執着の社会学　ペット・家畜・えづけ、そして生徒・愛人・夫婦
ましこ・ひでのり　人はなぜ愛したがるのか。愛着と執着をキーワードに動物としての人という根源的本質を解剖するあたらしい社会学。　1700円

あたらしい自画像　「知の護身術」としての社会学
ましこ・ひでのり　現代という時空とはなにか？　自己とはなにか？　社会学という鏡をのぞきながら、自己像を描き直す。　1800円

イタリア・ルネサンスの霊魂論　フィチーノ・ピコ・ポンポナッツィ・ブルーノ
[新装版]根占献一＋伊藤博明＋伊藤和行＋加藤守通　なぜ霊魂は不死なのか。神と人間の関係からヒューマニズムの源をさぐる。　3000円

[増補新版]イデオロギーとしての「日本」　「国語」「日本史」の知識社会学
ましこ・ひでのり　有史以来の連続性が自明視される「日本」という枠組みを「いま／ここ」という視点から解体する。　3400円

岡熊臣　転換期を生きた郷村知識人　―幕末国学者の兵制論と「淫祀」観
張憲生　岡熊臣の思想形成のプロセスとその言説を激動の時代背景から読み解いた斬新で緻密な論攷。　　　　　　　　4800円

可視性をめぐる闘争　戦間期ドイツの美的文化批判とメディア
前田良三　変容する社会、「平面化」する視覚体験。視覚の「20世紀化」が孕むトランスカルチュラルな布置を具体的に浮かび上がらせる。　2800円

考えるとは乗り越えることである　好村冨士彦遺稿・追悼集
好村冨士彦著　好村冨士彦遺稿・追悼集刊行委員会編　E・ブロッホ研究者として知られ、反原爆・反核運動を担った氏の遺稿と追悼集。　5000円

キットラー 対話　ルフトブリュッケ広場
F・キットラー＋S・バンツ著　前田良三＋原克訳　数学により可能となったテクノロジーと、それを前提に出現した文化表現を語り合う。　2000円

幻想としての人種／民族／国民　「日本人という自画像」の知的水脈
ましこ・ひでのり　人は血統・文化・国籍等で区分可能であるという虚構・幻想から解放されるための民族学入門。　1600円

時空のゲヴァルト　宗教改革からプロスポーツまでをメディアから読む
M・シュナイダー著　前田良三＋原克＋髙木葉子訳　メディアという視点で思わぬ事象を結合し、そして切り裂く、注目の論者、初の邦訳。3000円

始原と反復　本居宣長における言葉という問題
友常勉　本居宣長の古学古道論は、いかにして「世界を再―結集する」信条や世界観を創出しようとしたのか。　2400円

死者の追悼と文明の岐路　二〇一一年のエジプトと日本
大稔哲也＋島薗進編著　2011年、危機に直面した両国での死者の追悼の意味を死生学の視座からグローバルに論じる。　1800円

書物の図像学　炎上する図書館、亀裂のはしる書き物机、空っぽのインク壺
原克　「一方通行路」を通って、書かれたものの図像を収集する旅に出かけよう。行く先はカフカである。　2718円

［増補新版］たたかいの社会学　悲喜劇としての競争社会
ましこ・ひでのり　傷ついた自分をみつめ直すために！「競争」のもつ悲喜劇にたえるための、心の予防ワクチン。　2500円

知の政治経済学　あたらしい知識社会学のための序説
ましこ・ひでのり　疑似科学を動員した知的支配の政治経済学的構造を、社会言語学・障害学・沖縄学をもとに論じる。　3600円

ＤＪカルチャー　ポップカルチャーの思想史
U・ポーシャルト著　原克訳　現代思想の最前線をポップカルチャーに投影した個性的かつ上質の分析。挑発的な文体を絶妙な翻訳で。　2200円

天皇教的精神風土との対決　「討論塾」――その理念と実践
竹内芳郎　討論なしに民主主義はありえない。哲学者・竹内芳郎と「討論塾」塾員の10年の軌跡。　3800円

日本人という自画像　イデオロギーとしての「日本」再考
ましこ・ひでのり　アジア・国内少数派という鏡がうつしだす日本および多数派知識人の「整形された自画像」を活写する。　2300円